My Heart is a Golden Buddha

我心是金佛

大行大禪師／著
劉宜霖／譯

contents · 目錄

〈推薦序〉伴隨你心

當第一版製作精美的小書《我心是金佛》，由韓國大行大禪師送到紐約給我時，書本的大小和形狀恰好完美地擺放在我的掌心裡，猶如原本就該屬於這裡一樣。這本小書讓我回想起另一本著名的小書《祈禱書》（*Book of Hours*）。這本書印刷前，曾在中世紀歐洲修道院以書法畫上插圖。這些書籍小巧珍貴，當時的人們都當成可攜式祈禱書帶在身邊，隨時一讀再讀。

閱讀這本書，使我想起自己在研究生時代，曾閱讀過的一些中世紀日本奇妙故事集。故事裡盡是一些國王、將軍、土匪、貧苦農民和僧侶的事蹟。另外還有鹽商、修女、軍人、學者、漁民、宮廷嬪妃、露水情人、以及老來求子的老夫婦。這些故事記錄了整個地球的生命形態。書中甚至還講述了植物與動物們的願望和要求，猶如牠們與人類一般無異。學者們誤把這些當成兒童故事；然而一如這本故事集，實際上，它們是引領你通往人類心靈矛盾和解脫的窗口。

十七世紀時，一家木魚出版商終於在《禦伽草子》的童話故事集裡面，編入了一則我特別喜愛的故事。標題非常難翻譯，但大意爲「隨時伴隨你的故事」。我喜歡這個標題，它的作用就像是伴隨著孩子的父母，或是給予病弱者力量和安慰的護士，抑或是引導躊躇徬徨的人們的心靈導師。這種從人們心中湧現的神奇信念和驚人的力量，能夠貫穿人的一生；像這樣的故事，盡在此書。每當你覺得需要指引的方向、需要安慰或是需要得到引導，這本書都會靜靜地在你身旁守候著，隨時爲你點燃希望之光。

二十一世紀的現在，大行禪師繼承了此傳統，宣揚這種腳踏實地的故事，而故事的主角皆與那些以各種有趣模式生活著、單純、受人尊敬的人們有關。這些事情看似平凡，實際上卻出自韓國佛教文化豐富深廣的智慧。雖然每一則故事都看似簡短，卻往往出人意表地釋放出令人匪夷所思的觀感，之後又輕鬆適時地解決了所有世人都可能面臨的難題。當我們隨手拿起這本書，我們可以想像自己是獨立的個體，正在找尋生命問題之鎖。然而當我們閱讀這些文字時，一個故事接著一個故事，我們的本體似乎正在流動，並看到我們的本性與宇宙的河流匯成一體。

《我心是金佛》的的確確是一本可以伴隨左右的書籍，不但攜帶方便，而且有趣又具鼓舞性，可讓人一讀再讀，伴隨我們在人生道路上找尋目標，然後學習放下。大行禪師的話語，讓人如雷貫耳，令人如魚得水。所有的讀者，不管老少，都能夠感受到金色佛光，從佛陀的心房射出，加持著大家。

這些故事不但在韓國、乃至全世界，都能引起共鳴，可當作父母說給小朋友聽的最好睡前故事，也可以當作一天開始工作之前、早餐時間的最佳閱讀，甚至可以作爲老年人黃昏休閒時反思的閱讀。

一心，跨越所有年齡層、所有文化、所有年代、所有人種、一切時空，像佛陀一樣，散發著金色的光輝。

芭芭拉・儒赫（Barbara Ruch）
哥倫比亞大學　名譽教授
中世紀日本研究所所長

前言

乍看之下，你或許會以爲自己偶然拿起的，是一本講述著國王與大臣、盜賊與比丘、孤山與窮農等故事的童書；話雖如此，但若細細品嘗，你將發現這原來是一本累積了韓國禪宗龍象——大行大禪師的智慧之作。

大行大禪師以自己獨到的洞察力，道出了與我們息息相關，但卻離我們甚遠，似乎已被我們淡忘的往事；這，或許和我們的童年有關。事實上，這些往事來自時間的齒輪，以及我們早年的經歷。

禪師以務實的智慧，引領衆生重新啓迪巨大的潛力，以愉悅有意義的方式過我們的人生。在這本故事集中，禪師不時以「視他人如同手足」，以及「以正向態度面對一切」的道理，說出了這些看似簡單，實則寓意深長的見解。這些道理何其簡單，而許多人卻不予理會；然而，若能將這些道理落實，將能使我們得到啓發和解脫。

大德們，把這些故事與你們的孩子分享吧，這些故事必定將令他們終生受惠！但務必記得，這些故事或許也在你我某個成長過程中，扮演著極爲重要的角色，引領我們成就人生中的某事件。

大行大禪師（DaeHaeng Kun Sunim[1]）簡介

大行大禪師於一九二七年出生在一個軍官的貴族世家。這樣的地位使他們的家族相當富裕，但是到了大行禪師出生時，情況已經變得很不穩定。日本帝國主義開始策劃對韓國實行殖民統治，並於一九〇五年出兵佔領了韓國，使得當地百姓民不聊生，生活在水深火熱之中。大行禪師的父親曾經是韓國（朝鮮）最後一個王朝的軍官，在日本佔領期間持續抵抗殖民統治。結果，日本殖民者奪走了他們所有的家產與土地，僅僅留下只夠保暖的衣物，迫使他們全家老小離鄉背井，

[1] Kun Sunim是韓文譯音，Kun具有偉大、大或是高的意思；Sunim是對佛教男女僧侶（也就是比丘、比丘尼）之尊稱。所以Kun Sunim即可尊稱年長的出家眾，也可尊稱德高望重或是開悟的出家人。

渡過漢江，在首爾附近的南山下築起簡陋的小屋居住，靠著行乞和撿農田裡剩餘的作物來維生。

日本殖民者對朝鮮瘋狂地壓制和掠奪，使得朝鮮王朝迅速敗亡，這些悲慘遭遇使得大行禪師的父親充滿了絕望和挫折。雖然他總是對別人充滿善意並樂於助人，但是卻將他的憤怒與挫折宣洩在大女兒大行禪師身上。大行禪師感到困惑不解，不知道爲何會如此，她盡可能經常地離開家——那座小屋，然後走到附近的森林裡。雖然黑漆漆的森林和陌生奇怪的聲音讓她充滿恐懼，只能用樹葉覆蓋在身上保暖，但是她卻感覺到舒適和寧靜，久而久之就這樣開始了她在森林裡的生活。

當時大行禪師只有八歲，這樣饑寒交迫的日子持續了大約兩年。但她已經向生命的實相與自然的本源跨出了第一步。大行禪師開始感到非常的不同，對獨處荒郊野外的夜晚所感到的恐懼已經逐漸消失，而且，黑漆漆的夜晚漸漸變得舒適、溫暖而美麗。在森林中，富與窮、優與劣，兩者並無差別，唯有生命自在其中。然而，森林之外的世界似乎充滿了不平等與痛苦。

起初，大行禪師覺得納悶，是誰創造了她，然後突然又使她無家可歸，而且為何其他人也是如此受到饑餓與疾病之苦。當時，她注意到沒有一棵樹是相同的，甚至每一顆雨滴也不一樣。在這個八歲小女孩的心目中，這些現象和事實都是不平等的。有時候，她一整天都倚靠著岩石來思考，追根究柢地想知道是誰創造了她。甚至在她年紀稍大之後，還是被這些思想所困擾：「如果找不到答案，那我不如死掉好了！」然而，森林仍是她感到寧靜與舒坦的泉源，雖然她對這些問題掙扎不已，但如果她不曾處在森林之中，這樣的探索也就不可能發生。

經過內心不斷的磨練，有一天，大行禪師突然領悟到：她眞實的「爸爸」其實就存在於她的內在深處，那並不是自己一直以來不敢見到的生身父親，而是「創造」她的「爸爸」，是眞正的自己。她終於明白了她眞實的「爸爸」，其實就是她與生俱來的「佛性」，一直就在她的靈內。她充滿了喜悅，不斷地哭喊著：「爸爸！爸爸！」

自此之後，大行禪師把念誦「爸爸」當作是愛的傾吐。每當她寧靜地念著「爸爸」時，感覺彷彿所有的石頭、樹木、動物以及其他一切事物都成了她親密的朋友，這一切與她融為一體。她並沒有貪求要達到什麼或去除什麼，只是有個想法，就是萬事萬物的「根本處❷」會知曉一切。因此，她只是很自然地靜觀自己的內在。

大行禪師的父親很頑固，常常嚴厲地對待她，使她無法忍受，所以她更加堅定地認爲，她內在感覺到的「爸爸」才是她的父親。當時她並不知道內在的世界竟然如此奧妙和廣大，僅僅是在內在反覆地念著「爸爸」而已。對一個被遺棄的貧窮小女孩而言，竟能感受到「法❸」（Dharma）的無上體驗，這不能不說是一個很大的驚喜了。

後來，大行禪師繼續堅持著說：「你（爸爸，眞實的自己），在這個世界上是無法被取代的，我要見到你的樣子。」她感覺到發自內心的一股聲音：「從鏡子裡看進去，我就在那裡。」但是，不論她試了多久、多少次，還是只能從鏡中看見自己的臉，別無其他。她感到全然的挫折，因爲她未曾聽聞過任何關於「佛法」的宣說，也從來沒有研習過任何經典，因此無法了解這句話的眞實意涵。當

❷佛性之意。
❸眞理之意。

時大行禪師大約十八歲。

一九四五年，韓國脫離殖民地重獲自由後，大行禪師流浪到韓國南部海邊城市釜山，她在那裡開了一家以碼頭工人和窮人爲主要客源的餐館，同時兼任裁縫師，用取自軍服的材料製作平民百姓的衣服。雖然這樣做足以供養衆人並縫製衣物給別人，但她卻暗自感覺到：透過物質方式來幫助人們，還是有其局限性，於是便決定要發展心靈的無限力量，依循著她「內在的引導」，往北方五臺山出發。在那裡，有一位偉大禪師的寺院，幾年前她曾經遇見過那位師父。

在五臺山，當大行禪師已成爲行者❹後，有一次她進入上元寺附近的比丘尼禪修堂，靜坐了三天，膝蓋痛如破裂。這時，突然從她的內在生起一個念頭：基於何種理由要如此摧殘這輛「馬車❺」？何以不鞭撻「牛❻」，而要駕馭「馬車」呢？何以讓我生起這些念頭？是誰教授的？於是，她離開了禪修堂，再次回到森

❹ 進入寺院欲出家，但尚未正式剃度的修行者。在正式出家之前，必須經過一到三年訓練，一方面考驗他的意願，其次用來評價他的狀況。

❺ 肉身之意。

❻ 心之意。

林中生活，繼續鑽研師父曾告訴過她的話：「如果你能睜開眼睛深睡三年的話，你將會一死。」

對大行禪師而言，無所謂遵守戒律、削髮爲尼與否的問題，她的一切只集中在「內在」，進入「無心之境」。

一九五〇年春天，大行禪師成爲沙彌尼[7]，她的師父再度爲她剃去頭髮，問道：「現在，是誰在受戒？」

大行禪師回答：「並沒有你在授戒的片刻，也沒有我在受戒的片刻，只不過是一隻鶴，飛翔於一座青山而已。」

師父問：「你應該一死，而後你才會見到你自己。」

大行禪師回答：「該死去的我在哪裡？該被殺死的我又在哪裡？」

師父問：「你的心靈在哪裡？」

大行禪師回答：「你一定很渴了，請來杯水吧！」

---

[7] 佛教僧侶中的最初級，女的稱爲沙彌尼，男的稱爲沙彌，在成爲比丘（尼）前，至少需在此階段度過四年。

師父再度問道：「如果我是個磁鐵，你是一根鐵釘，將會發生什麼事？」

大行禪師回答：「鐵釘也會變成磁鐵。」

師父非常歡喜地說：「多麼傑出啊！從現在起，走你自己的路吧！」

不久之後，韓戰爆發了。以前，當大行禪師經歷困苦時，也只是容忍，卻沒給自己造成困擾。但是看到民衆在戰爭中受到極度的苦難，她也痛苦得無法忍受。在目睹戰爭的苦難與不幸後，大行禪師再度更徹底地去追求了悟人生的意義。她並沒有自滿於已經領悟到的眞理，而是繼續問：生存是什麼？我是誰？為何我尚未見到「爸爸」？她持續幾天幾夜不吃不喝地苦修，但來自內心的回答卻只有一句：你應該「一死」，才會見到我。她漸漸明白了，她必須徹底解決這一問題——應該一死，才會見到「爸爸」。

大行禪師感覺到，如果要見到她稱之為「爸爸」的「自根❽」，最好是結束她的肉身，所以她決定擺脫身體。她七次企圖結束她的肉身，但都失敗了。大行禪師漫無目的地走著，唯一的想法是，死在一個任何人都不必為她的肉身所煩惱

❽佛性之意。

的地方。她的雙腳停在漢江高聳的峭壁邊緣，但當她往下俯視著水面的剎那，她忘記了有關結束肉身的一切。她站在那裡許久，只是看著水面，突然，她又回過神來，接著走路。當走路的時候，她想到一個事實——雖然自己嘗試過七次，但都以失敗告終。然後她明白了，棄離身體終非正道，不禁流著淚說：「眼淚是慈悲，它應當成爲大海，而且我必須再度飲下此大海。」她當下領悟到，眼淚不再是眼淚，反倒成了喜悅。

傳統上，禪修的人應四處雲遊並尋求不同的禪師，試圖學習並考驗自己了悟的程序。然而，大行禪師並沒有這麼做，她從不拿自己和他人作比較，也從未滿足於自己已經了解到的程度，只是持續嘗試將她的領悟付諸應用與實驗，且不執著於任何的經驗或道理，默默地前行而已。

大行禪師在山中修行超過十年的光陰，總是透過心靈來修行，並檢驗她的經驗與領悟，完全不顧肉身的平安。每當她覺得應該吃些東西時就吃，不管是葉子或野草。有時她會尋得一些野果或野菇，有時農夫也會給她一些生豆。她只穿一些夏天輕薄的衣服，在松樹下或靠近河邊的溝洞裡度過冬天。她的皮膚乾裂出血，瘦得只剩下一堆皮包骨，頭髮用藤蔓綁成髮箍。但她的眼睛閃耀著光芒，就像天空的星星那樣。雖然大行禪師經歷了許多苦難，但她從不認爲她的修行是苦行。她只將注意力放在眞實的本性（根本，內在）上，並沒有試著爲身體做些什麼，因爲她的注意力不在那裡。

對大行禪師而言，放得下或放不下的問題都不存在，她只是將所有的覺知放在創造她的「根本❾」上。她絲毫沒有將注意力放在外在事物上，只是注視著那些內在心靈感應的東西，像是靜靜地坐在草原上，留神觀察著寧靜的心靈一般。即使思想暫時帶來困擾，心中充滿疑問，她也不與之對抗。這樣修行的時候，答案有時會突然出現，有時則很慢才來。她就這樣又度過了一段時間。

諸如「這是什麼道理？」「誰這樣做？」這樣的問題時常會生起。比如，有一天，一個問題自大行禪師的內在生起：「爲何你這個腳掌比另一個腳掌大？」但她往下一瞧，兩個腳掌的大小卻是相同的。每當面臨這樣的問題時，她就會非常深入地去思索。這時她不會感覺到時間的流逝、天氣的寒冷。不過，這些並不是有意的作爲，只是自然發生的；她甚至沒有意識到她的身體，唯有心靈呈現一

❾佛性，「主人空」之意。

片清晰與光明。雖然她的眼睛閉著，但內在卻是清楚地醒著。有一次，她嘗試幾天靜止不動，事後整個身體僵硬到無法移動。

又有一次，當大行禪師在一條河邊俯身飲水時，在倒影中看到自己異常憔悴的面容，突然生起一個念頭：「雖然我的心靈似乎安好，但肉體爲何如此糟糕？」當時，內在出現一股聲音：「佛陀也是這樣，在那裡面，有眞實的佛。佛陀爲了拯救未覺悟的衆生，會進入野獸的巢穴或進入五種地獄。佛陀能成爲青蛙、豬或狗。那麼，在哪一時刻、什麼樣的形象時，能稱作是佛陀呢？」這時，大行禪師才清楚地見到自己眞實的本性，她念念不忘、尋找已久的「爸爸」。此後，大行禪師繼續往那「不以爲二」的世界，即向自己與宇宙不以爲二的世界出發前行。

檢視大行禪師當時的體驗，她已經清楚地了悟了無邊無際的內在世界與心靈的力量，但她默然地使它繼續增長。譬如，她感到好像能將整個宇宙的本源與生命掌握在手中；在大的領域上，她開始探索整個地球、太陽系、整個銀河，乃至銀河之外；在小的範圍中，她也特別關注民衆的疾病。她以心靈的力量試著治癒疾病，後來她發現各種疾病先形成於看不見的世界，然後才在現實世界中顯現的過程及道理。

後來，大行禪師有一次在山中經歷了巨大的光。她在靜坐中突然感覺被一陣巨大的光明所包圍，這個光明往四周延伸約有四公里遠。無以言喻的滿足與舒暢充滿著她，每個事情與事物的「道理」都顯得一清二楚。經過這次經驗之後，她感到總是被光明所圍繞，同時，所有的生命、萬事萬物也都在幫助她。

大行禪師說：「我從未企圖修行成佛或悟道。因爲我誕生於這個世界，我只想知道我是誰？我是什麼？在了解到我的身體不是我、我的意識不是我、我的意志也不是我之後，我只想知道『眞我』是什麼、『眞我』是誰而已。」

有人問過大行禪師，她在山上修行的時候，達成了什麼？大行禪師回答說：「大多數人認爲當悟道之後，會達到某一個輝煌的具體狀態或境界；然而，沒有什麼需要達成才是眞正的達成。倘若你說你已經達成、達到、覺悟了什麼，那麼你就尙未達成、達到、覺悟。沒有什麼要達成，沒有什麼要達到，沒有什麼要覺悟，這才是要達成、達到、覺悟的道理。」

另一個人問道，爲了覺悟，其他人是否也要像她一樣在山中修行？大行禪師回答：「當然不是，最重要的是透過自己的心靈去修行，而不是透過身體。我只是透過我的環境和遭遇來修行罷了；我很窮，而且無處可去，所以只能那樣修行。不用管自己的境遇如何，把在現實生活中所面臨的一切問題當作材料，必須透過自己的心靈來修行，這才是正道。」

一九六一年，大行禪師覺得應該是安住下來的時候了，便停留在起嶽山上元寺的一座小修行窟中。這個消息傳了出去，許多人來拜訪，並且請求指點迷津。後來大行禪師就在那裡，還有原州附近的地區，度過十年的時光，幫助所有她所遇見的人，同時進一步增長了許多不同的經驗。

可是過了幾年之後，大行禪師開始感到這樣並沒有眞正對人們有所幫助。人們來請教問題、尋求幫助，但解決了該問題後，或早或晚，他們仍然又會面臨其他問題。因此，大行禪師認爲需要讓人們知道他們自己本身就有佛性，此佛性是他們與生俱來的，他們自己的佛性會引導並解決所面臨的一切難題這一事實。

因此，一九七二年時，大行禪師遷徙到漢城南邊的安養市，建立了第一個 *Han Ma Um*[10] Seon Won（一心禪院）。在那裡，她開始教導人們去領悟自己的眞

---

[10] *Han* 意指「一」，偉大的，全體；*Ma Um* 指心靈，亦即心，也是指宇宙性的意識——對任何事物或在任何場所共同存在。*Han Ma Um* 就是一、偉大的、全體心靈，同時是所有事物的內在連結。

實本性。許多人被大行禪師的教導所吸引，因爲她引導他們如何在日常生活中修行，不論他們如何忙碌，不論他們從事何種工作，也不論他們的家庭狀況如何。歲月流逝，更多來自他方的人們開始要求大行禪師在其他各地建立更多的分院。到了一九九九時，韓國國內已有十四個分院，美國、德國等國家也有九個分院。目前，在安養本院有一百四十餘位比丘和比丘尼在大行禪師的指導下精進修行。

大行大禪師的教導

大行禪師所說的任何東西，都是基於親身的體驗，她不會宣說自己不曾經歷過的東西。她的講道也總是在自然而非刻意的情況進行。雖然根據不同的參訪者或修行者的程度，她的教誨途徑有所不同，但她總是強調：每個人的內在都有與生俱來的無限能力。藉由信任自己的「靈性」，可以消融舊有的習慣與苦惱，增長智慧，並成爲悟道者。

大行禪師經常簡單地教導人們：要信任自己內在的「眞我」——他們自己的 *Juingong*（主人空），把任何擺在面前的事情或問題，都交給主人空來處理，然後繼續前進。下面是大行禪師渡化衆生的幾個要點。

•信心

每個人內在都有與生俱來的「佛性」，因此能修行，並且能解決所有遭遇到的問題。有時候這種「佛性」被稱爲「能力」、「眞我」、「自性佛」、「心靈」、「眞主人」、「心座」、「根本」、「船長」、「舵手」、「力量」、「主杖者」、「發電廠」等等，但大行禪師使用「主人空」這個名詞。我們生來就有能力成爲絕對自由自在的人，但我們卻沒能夠聰明地使用心靈，以致常常無法敲進我們內在偉大的「根本」。

•放下與託付

藉由放下一切的遭遇，並將之交付給我們的眞實本性——主人空，我們能夠不執著一切，而讓主人空接管所有事情。大行禪師告訴人們，不管順境與逆境，主人空都會處理好這兩者，所以每個人應該做的就是，不管遭遇到任何境遇，只需把一切交付給自己的主人空。對一般人而言，放下分辨好壞的「分別之心」是極難的事。遭遇好事就執著於它，遭遇不好的事就要脫離，所以很難進入眞理世界。大行禪師說：主人空就是從億萬年前以來一直引導你進化至今的「力量」，怎能不信任它呢？自己的主人空有廣大無邊的能力與智慧，只因我們不信任自己的主人空，所以主人空便無法「啓動」。大行禪師再三強調用自己的鑰匙（信任自己的主人空）打開充滿寶物的倉庫之門。

- 一切事情都取決於你的想法

一切事物都尾隨在心靈之後，心靈並不是跟隨物質的。心靈如何起伏，一切物質與能量就尾隨在後加以回應。我們生活不自由，是因爲我們對事物有固定不變的想法和執念。所有我們身體裡活著的「業識」，都跟隨著我們的思想，因此必須小心地對待我們的思想。所以，因「一個念⓫」的不同，同樣的客觀世界會變成天堂或者地獄。舉個例子：有人作夢，夢見花園裡的花都凋謝了。對此，一個人解釋爲「不祥之夢」，另一個人則解釋爲「花謝乃收穫之夢」。根據不同的解釋，現實中的結果也會完全相反。

⓫「一個念」是從根本生起的另一個思想，超越分別和相對境界。

•正面地去解釋一切事情

因爲任何事情都有賴我們的思想，所以無論什麼事情，總要正面地去看待，這是很重要的。所以，大行禪師教導人們要正面地看待、理解每一件事物，例如，「這樣的遭遇是爲了教導我」、「這是眞實的自己在教化我」、「那是過去我無知行爲所造成的，因此現在我能埋怨什麼呢？」任何的遭遇，甚至是夢，也應該正面地去解釋才對。

•物質領域與非物質領域

大行禪師告訴我們，一切我們所見、所感、所聽、所接觸到的，以及所思考的事物，事實上只是實相的一半罷了，其他的一半常常不能接收到，或者只能想像。當我們使用知識或思想時，只不過是物質領域的那一面而已。不過，當我們放下並將萬事萬物交給主人空時，主人空能綜合使用物質界和精神界的道理，發揮整個實相的全部能力，接管一切事情。

• 以「不以爲二」去看待萬事萬物

宇宙中的萬事萬物生來就是「非爲二」的，但是人們經常只見到其中的一半，以爲每件事情都以獨自分離的狀態而存在。大行禪師教導人們應視萬事萬物爲「他們自己」。她曾解釋過某一經典的句子：「自始以來，所有的衆生是共心、共體、共生、共用、共食的存在」，「所有的心靈與我的心靈並無不同，不以爲二」。任何性質的怨恨與憤怒，不論看起來有多正當，都只會增加自己的痛苦。

• 禪就是日常生活

大行禪師並非不鼓勵人們實行靜坐的冥想修行，但同時她也說，靜坐本身並不是禪的全部。某種只能於特定時刻爲之的修行，其本身並不是禪。大行禪師說：「地球並不因你坐禪而開始運轉，也不因你站起而停止運轉。」行、住、坐、臥，一舉一動都是禪。無關乎名稱與形式，眞正的禪、眞正的增長、眞正的心靈實踐，是在每天二十四小時實行的。總是將所有問題放於自己的主人空，然後一邊觀之、一邊體驗所有的經驗過程，這才是眞正的禪。

•親身體驗

大行禪師總是強調增長經驗的重要性，而且要試著將經驗應用到所知的事物上。光知道某些事物是不夠的，應該要加以應用。透過道理的實地經驗，能深化我們的信心與信念，甚至養成能夠放下一切的勇氣。

•修行與悟道

大行禪師往往告訴人們，爲了見到眞實的本性，必須「一死」。也就是說，人們必須放下一切，只要信奉自己的主人空，這樣，主人空就會顯現出來。此後，眞正的修行才會開始。在此過程當中，不得執著於所看到的、所聽到的或經驗到的所謂「神秘之事」，必須保持秘密，並且把這一切再放下給主人空；不得告訴他人，也不得執著。在這個階段，固然會備覺愉快，但你仍須「再度一死」。

本文取自《人生不是苦海》一書，柳時和翻譯

1.

墜坑之狐

曾經有一隻狐狸被老虎猛追，儘管東奔西竄，仍然避不開猛虎的爪牙。就在狐狸回頭掃視老虎的一剎那，竟然失足掉進了又深又窄的坑洞。因爲坑洞實在過於窄小，老虎最後也莫可奈何，悻悻然地離開了。

老虎離開後，狐狸千方百計試著離開坑洞，但都沒有成功。更糟的是，坑洞窄小得連狐狸嘗試轉身都是一個問題。幾天過去了，狐狸仍然被困在洞裡動彈不得，連食物都沒吃上一口。但是，隨著時間的流失，竟然發生了一個奇蹟：當狐狸的思維逐漸沉澱，竟然不知不覺地進入了深沉的冥想狀態，就在霎那間，狐狸竟然靈光乍現，見到了自己的本性！

就在此刻，統領梵天的因陀羅感召到這一事件，特地下凡來到森林，謙恭地對狐狸叩頭頂禮，並對狐狸說到：「您雖具狐狸之身，卻見到了自己的本性。」可惜，狐狸並不知道因陀羅的用意，竟然對他大吼：「對我頂禮有什麼用啊！快把我救出去！」因陀羅微笑著，當下就把狐狸救出洞口，另外又做了一個奇怪的舉動：他送給了狐狸一襲華麗的刺繡絲綢衣裳。

狐狸又張大眼睛瞪著因陀羅：「你瞧瞧我的身軀，這衣服，適合我嗎？」說完，狐狸就轉身向森林飛奔而去。

因陀羅禮敬狐狸並送牠衣裳，目的在於引導牠看清自己的本能，希望藉此鼓勵牠成爲更高等級的眾生。然而很可惜，狐狸無法參透箇中的道理，因爲即便牠已脫離了坑洞的束縛，但仍然無法擺脫自己的習性，以及固有的思維模式。

倘若你能夠不被自己的習性和身見所左右，就能夠體悟到老虎、狐狸以及因陀羅三者本爲一體。在這則故事中，狐狸代表人類，老虎是（苦的）眞諦，因陀羅則是證悟的表徵。爲了教導（眾生）「放下一切」的道理，老虎把狐狸逼迫到代表充滿痛苦艱辛的坑洞，讓狐狸因而得以初次見到自己的本性。

你或許曾經有過豁然瞥見自我本性的一剎那，也熟諳許多的經教，但若非就此更深入地修行並且有更深入的體悟，就很可能也會像狐狸一樣，雖已初見本性，卻仍被自己的習性和我見牢牢束縛。

2.

三顆穀子

曾經有一位出家人，一大清早便不停地趕路，吃過早餐後，便沒有再吃任何東西。當他正好路過一個正在收割稻米的村落時，心裡不禁盤算起自己的晚餐來。走著走著，他不自覺地伸手去觸摸一梗熟透的稻子。他把手縮回來，看著手掌，掌中有三顆小巧金黃的穀子，便毫不猶豫地把穀子往嘴裡送，然後又繼續趕路。

但是，這個無心之舉卻爲出家人的後世帶來不少的苦果。爲了償還農夫，後來他投身爲牛，爲農夫勞役了三年。

當三年即將結束時，牛兒開口說話，並對農夫解釋自己投身爲牛的來龍去脈。爲牛三年雖然受了不少苦，但有感於農夫對牠的善待，牠便給了農夫一個忠告：

「後天將會有五百個歹徒來襲擊這個村子，但是，如果你爲這五百個人準備膳食，他們便不會傷害村裡的人。」

一隻會說話的牛已經是夠怪異了，而牠竟然還對他預言未來之事，農夫更是聚精會神的聆聽，甚至還找來村子的長者們來聽牛兒的忠告。經過一番討論後，他們召集全村人馬爲五百位即將來臨的「客人」準備膳食和住宿，當一切就緒後，接下來就是等待這一刻的來臨。

正如牛兒所預言，第三天果然看到五百個兇神惡煞般的匪徒來勢洶洶，直闖村子。當他們看到村人已經備妥準確份數的膳食，正等待他們的到來時，不禁令他們感到震撼！匪徒首領揮動手上的劍問道：「這裡發生了什麼事情？」村人便把牛兒所說的話，以及出家人投身爲牛的經過，一五一十地跟歹徒們說。

當首領聽著村人敘述這些事情的當下，自己過去所造的種種惡行不禁一一浮現在腦海，其他歹徒也都想起了他們過去的種種惡行。這些故事深深撼動了他們的心：「如果身爲佛陀弟子的出家人，只是無意間拿了人家三顆穀子，最後竟然投身爲牛，那麼像我們這樣諸惡作盡的人，會有什麼樣的後果呢？」就這樣，歹徒首領以及他的隨眾當下就眞誠地懺悔過去所造的一切惡行。之後，這些人便謹遵佛陀的一切言教，最終，這五百位歹徒竟變成了五百位菩薩。

⋯⋯⋯⋯⋯⋯⋯⋯⋯⋯⋯⋯⋯⋯⋯⋯⋯⋯

當人們聽到一個出家人因爲三顆穀子而投身爲牛的故事時，相信他們會認爲這單純只是一個故事罷了，很可能是我編造出來當教材的。當然，我的確是用這個故事當作教材，但你一定要相信，這些都是眞實的故事；即便到了今日，這些故事還在不斷上演著。

一個出家人可能因爲小如偷吃了三顆穀子而投身爲牛，五百位歹徒也可能因不斷的修行而全數成爲菩薩。世上沒什麼事情是偶然發生的，我們的一切行爲，看起來或許很微不足道，但世上所有的一切都是息息相關，本是一體的。

把宇宙握於掌中
讓蒼穹為我遮蔭
讓日月成為我的支柱
挺身向前
邁向高聳的山脈
每一片葉子
每一枝松針
相互交融成為一體

修行可以讓你從自己的我見中解脫。

3.

自力

當一位僧人修行有所體證而頗負名望之後，他所居住的寺廟就會變得非常忙碌，不管是眞心修行而來向大德參學求教的人，或只是慕名而來想一睹大師風采者，或是希望藉此學習靈修方法、體驗靈空境界者，都可能從四面八方競相湧現。像這樣一個熱鬧的道場，實在不是一個可以安靜禪修品茗、修身養性的地方——準備膳食、主辦法會、接待賓客、接收供品、核對佈施款項，似乎有做不完的工作！

某天，禪師的某個弟子前來求見：「師父，這裡的生活實在太過繁忙吵鬧，嚴重干擾我的修行。如果師父允許，懇請師父讓弟子到較爲偏僻的山澗，一個人安靜地好好修行。」

禪師端詳了弟子一會兒，然後平靜地回答：「眞的嗎？如果這是你想要做的，那就請便吧！但你一定要做到這一點：如果你餓了，只能食用不是經由別人所收割或準備的食物；不可接受他人供養的衣物；如果需要縫製衣服，也不可用他人所製作的布料；如果口渴了，什麼都別喝；如果你想蓋茅棚，別砍伐任何樹木；如果你想行走，別踩在大地之上。如果這些你都可以做到，那麼我就允許你到僻靜之處好好修行。」

禪師的弟子聽了之後，呆坐良久。這個條件除了不可能達成之外，師父的回答更是令人難以猜測。當他仔細思考師父的言辭，領悟到師父原來是在教導他宇宙運行的道理：「在這個世界上，沒有任何獨立的個體可以獨立運行。世上所有的人事物都互相依存，看似獨立，但仍必須依靠或是成爲他人的依靠。我怎麼會有這種想要自力修行的想法呢？」至此，這一核心道理就成了他的當頭棒喝。

從此之後，不管這名弟子遇到什麼情況，都可以洞察此一人事物或是另一人事物，其實都是自己的依報——他者心即是我心，他者行即是我行，他者痛即是我痛。他如此貫徹不懈的修行此不二之法，最後悟得甚深智慧，並引領無數衆生走向解脫之道。

山中的茅棚洞穴並非眞正的道場，自己的心才是眞正的道場，因此釋迦牟尼佛說：「你必須逃離自己的洞穴。如果你能夠逃離自心的洞穴，就能夠擺脫一切障礙。」如果你是眞心想靈修，大可不必捨近求遠，只需清楚了知自己的身心狀態，那麼當下即是修行的道場。

我們從無始劫以來，就不停的在六道中輪迴打轉，有哪一道眾生我們不曾當過呢？因此，我們怎麼可以鄙視其他眾生，或是厚此薄彼呢？曾經經歷過無數他道眾生的命運，有著不同的形體和精神層次，然而最終，我們擁有相同的本性、相同的心、相同的軀體，也就是，各自是彼此的依報。這便是眞正的無緣大慈，同體大悲。

因此，不管你遇到什麼人，或是遇到何種困境，千萬不要把自己從這些人事物中切割開來，而是要把這一切歸因於你的基礎。如果我們能夠如此生活，周遭的一切將會運行自如，暢通無阻，所有的障礙也將無法在我們身上起任何作用。以這種方式觀察日常生活所生起的一切，才是修行眞正的精髓。

4.

將軍的怪夢

一天晚上，負責看守北部大軍的將軍李成桂（一三三五—一四〇八年）做了一個怪夢。夢中，一群烏鴉在他的屋頂上呱呱鳴叫個不停，腳下的鏡子裂成千萬碎片，窗外盛開的花朵隨即凋零，稻草人的斷頭則高高地懸在柵欄上，隨風搖擺。

李成桂醒來之後，覺得這是一種不祥之兆。他的夢是如此黑暗詭異，爲此，他已憂心忡忡了許多天。這個夢顯然是預示著他將會遭遇不幸，他左思右想，決定去請教他的師父。他認爲這是個好主意，因爲他的師父無學大師是個佛教高僧，智慧深不可測。成桂將軍見了師父，謙恭地向他稟報了自己的夢境，並詢問無學大師自己該如何處理。

無學大師聽完，看著將軍焦慮的臉孔大笑了起來，然後對他解釋夢境的意象：「烏鴉的ㄚㄚ啼叫聲意味著你將入主皇宮。你看，『ㄚ』這個字，是韓國古文『額皇宮』的『額』之諧音。鏡子破碎的聲音就像是萬千群眾的呼喊，而鏡子的倒影即是你的容顏——他們希望你當他們的首領。凋零的花朵意味著你所有的努力，即將結成豐碩的果實。而懸掛在柵欄的斷頭，意味著你是眾人尊敬仰望的對象。」

李將軍聽了師父的解釋，不僅感到如釋重負，還覺得非常訝異。事實上，李成桂後來成為朝鮮王朝的第一位君主，歷時五百餘年。

無學大師並沒有生硬地把夢境所見的景象以好壞來分析，而是回歸到事件的本質。因此，即便在夢中見到了鬼魅，也無須為此耿耿於懷，而是先長養善念，把一切回歸到你的本性上。

其實，在睡夢中並無異於甦醒，而甦醒的時候也無異於在夢中。即便是在夢中經歷了令人恐懼的事，你也只需當成是過去所造之業，而不是從你的外在憑空出現；所有一切只是你本性的示現，亦即所謂的「主人空❶」（Juingong）。因此，千萬別被誤導，只需將一切回歸到你的本性。依此修行，相信你便能夠徹悟你與世間萬物本為一體。

❶「主人空」即是眞正的行者，是空性；祂是一切萬物的始終，以不同的形態不斷地生起滅去、生起滅去。

當你的習性和業緣漸漸消融，救度眾生的智慧和能力就會從自性中顯現。

5.

如果你有一根杖

在古印度，曾有一位男子帶著羊要到廟裡去供奉神祇。他把羊的四肢綁緊，然後扛在肩上。這樣雖然很重，但在當時，羊稱得上是最好的供品，因此，男子對自己所做的一切感到十分自豪。

男子步伐沉重、汗流浹背的走著，遇到了一位他認識的修行人。修行人轉過頭來問他：「爲什麼你肩膀上扛著一頭豬？你知道嗎，這可不是什麼適當的供品！不如我們現在就把牠烤來吃了，等你以後有能力，再準備更適當的供品。」那個男子不置可否地站在原地，修行人因而掉頭離去。

實際上，男子是愣住了，一連串的疑問湧入他的腦海：「不是適當的供品？」「一隻豬？」「他的頭腦有問題嗎？難道沒看見我背著的是一頭羊？」男子搖了搖頭，又繼續上路。沿著男子的腳步，可以清楚見到從他身上滴滴答答流下的汗水。炙熱的陽光幾乎把他擊垮了，他的步伐顯得越來越短促，羊只顯得越來越沉重，但只要他一想到自己貴重的供品，就更努力向前邁進。儘管如此，只要他一想到「豬」這個字，心裡就忿忿不平。

他繼續前進了一陣子，迎面又來了一位修行人。這次男子並不期待會聽到任何美言，但只要是一個微笑或是一句鼓勵，他都覺得甘心。但你認爲這是他將會聽到的嗎？你一定不敢相信修行人竟然這麼說：「你怎麼會扛一隻狗在肩上呢？不如把牠帶到村子裡，村民一定會幫我們烹調得美味可口。這看起來實在不是適當的供品，對吧？」

這一次，男子再也忍不住了，「你們的頭腦都有問題嗎？沒看見我扛的是一頭羊？你知道這頭羊有多貴嗎？把如此貴重的羊叫成狗，你的眼睛瞎了嗎？竟然還說要把牠煮了讓我們兩人分享！」當他又吼又叫的當兒，之前那位修行人忽然出現在他面前，指著那頭羊說：「你怎麼把一頭大象扛在肩膀上呢？如果你有一根杖，你就能夠騎著大象，用杖指揮牠。」說罷，便憐憫地看著男子，搖搖頭離開了。這些際遇對男子來說，實在是太奇怪了。

男子目瞪口呆地站著想了好一會兒，忽然眼睛一亮，接著又咯咯笑了起來。他一面鬆開羊四肢的繩子，一面喃喃自語：「我終於明白了，這就對了！」然後又繼續笑著：「呵呵呵……口好乾哦，應該到村子裡要些水來喝。」就這樣，他抹了抹額頭上的汗水，向村子走去。

其實我們都秉持最初的本心。雖然人們並未察覺，但累世累劫以來，引領著生命的，就是這個本心。然而，很不幸的，經過生生世世的輪迴，我們累積了一切的業習和我見，而這些就成爲了我們啓發本性的障礙。因此，我們本該見到自己的本性，但卻因爲自己扭曲的知見，而錯把所見到的認定是豬、狗或是大象。當我們看著其他的一切，卻無法見到他們的本來面目，而只能見到我們所能夠認知的表象，這些，就是二位修行者希望教導該男子的道理。他們很清楚男子終究會明白箇中道理。後來那位修行人所提到的那根杖，指的就是我們的本心。

然而，由於人們身負沉重的我執我見，長久下來，因而誤把這些知見當成是寶，而不願意放下。但你想想，即便是這些知見，也是來自於你的基礎，因此，還有什麼比讓這些知見回歸到最初的處所更自然的呢？如此，你將會更加輕安。

在這條修行之道上，第一步就是把「我」的觀念放下。當你服務他人或是利益他人時，請注意自己「我在利益眾生……」的想法，把這些想法也放下吧！如果你還是無法放下「我所爲」、「我是」、「我的」，那麼就算做了再多的佈施，下了再多的功夫，你的付出永遠也培養不出眞正的功德。若你眞正想幫助他人，眞心想佈施，那麼，就把一切回歸到你的基礎。這樣，才不會形成知見上的業處，眞正的功德才會因而形成。

6.

投生爲牛的修行者

江原道的一個偏僻山區，住著一位修行高深的老人家。他和兒媳孫子同住，日子雖然清苦，但也和樂融融，不覺有何匱乏。然而很不幸地，一天，老人家的孩子往生了，不久之後，老人家也自知來日不多。

老人家最放心不下的是媳婦，他深知一個婦人家要務農養活自己和五個年幼的孩子，實在不是一件易事。經過深思熟慮，他決定投胎爲牛來幫助媳婦。

因此，老人家去世後幾個月，家中的母牛便生下了一隻牛犢。即便媳婦對牛瞭解不深，但單從這隻牛犢的眼神，也可知悉這不是一頭普通的牛兒。這隻牛犢長大之後，不但幫忙務農，還主動幫忙其他雜務。

例如某天，媳婦在田裡工作時被一條毒蛇咬傷，腳踝腫脹發炎，在床上昏迷了好幾天，不能下地。此時，牛兒來到屋門前，用尾巴不停地敲打著走廊，媳婦因而被叫醒，爬出來看看發生了什麼狀況。牛兒協助媳婦躺在自己的背部，把她背負到山區一處偏遠的山泉，用心地把媳婦的腳踝放到泉水裡浸泡。幾個小時後，媳婦腫脹的腳踝慢慢消退，體溫也回復正常。如果沒有牛兒的幫助，媳婦必然因此喪命。

日子一晃就過了二十年，媳婦的孩子也已成長，一個個離開了家鄉，最後，就只剩下媳婦和老牛了。一夜，她提早入睡，朦朧間做了一個怪夢，夢見自己睽違已久、幾乎遺忘的公公：「我就住在山脈另一端的一間小寺院，因爲預知你將過著坎坷的日子，因此投生爲牛助你一段短暫的時間。如果你想和我一起修行，就到此寺院來吧。」媳婦一覺醒來，光著腳丫奔向畜舍，只見老牛已經死去。媳婦有感於公公對自己的慈愛，竟然願意爲了自己而投生爲牛，不禁站著哭泣。

旭日初昇，媳婦便往公公所說的方向前進，找尋他所說的寺院。經過幾天的找尋，終於找到那間寺院，她左顧右望，才見到一位二十出頭的年輕法師，長得與公公非常神似，就連臉上的一顆痣也長在同一個位置。

如果你透過修行而證得甚深之法，便能了悟化現之法，並且能夠隨機應化。心能蘊涵萬物，即便是你把宇宙萬物都塡塞到心田裡去，心的智能還是無法限量的。一可以成爲三、成爲七、甚至是千，而千也可以縮而爲一。

心的能量和功用何其淵博，超出許多人的想像。佛陀的教誨其實就存在於你的日常生活中，因此，請好好在生活中品嘗這些教法。若你能落實佛陀的教法，就會發現不管事物好壞、不管順境逆境，一切自有其應遵循的自然法則。對於已經通曉此法則者，就可明白世間無一事物是背離眞理的。對通達眞理的人解釋何謂眞理，有何意義呢？

當你把對他人的關愛、憂慮、同情和意見建構在本心上，這才是眞正的慈悲。這樣，你心底深處的思維和眞心話才有可能生起，你和他人之間的互動才能暢行無阻，心與心之間才不會有隔閡，才能融爲一體。而這，才是眞正的慈悲，眞正的助益。這份慈悲可能來自一位聖者或是一個犯人、富翁或是乞丐、人或是昆蟲，或許，甚至是一頭牛——二者之間，又有何區別呢？

如果你真的愛惜自己，就請放下對自我的執著吧！

7.

擁有二對父母的男人

大約一千多年前，韓國心羅王朝住著一對夫婦，他們是一名貴族的僕人，因此所生的孩子自然也成爲這名貴族的僕役。一天，忽然下起傾盆大雨，僕人的父親趕緊到田裡去查看，確保稻田沒有被大雨沖走。但當他去勘查堤防時，卻不幸被湍急的大水襲捲而溺斃。

想到僕人服侍自己這麼多年，這名貴族便把其中一畝大約兩千平方公尺的田地送給了僕人的孩子。有了這畝田，這個孩子就不需要再爲他人勞役了。然而出乎貴族的意料，這個孩子依舊不辭辛勞地爲他服務，一直把他的母親照料得妥妥貼貼。

幾個月後，一位修行人爲寺廟化緣路過該地，這孩子見到修行人後，竟然把整畝田地都供養給他。孩子的母親想說服他：「你的前途該怎麼辦呢？這畝田地是你能夠過著安定生活的唯一機會啊！」

孩子回答說：「我是因爲父親的犧牲才得到這畝田的，因此我認爲這畝田的運用，必須對父親有利益才行。」他的母親雖然有點不安，但很有智慧的她知道，基於兒子的慈悲和德行，老天一定會眷顧他，因此也就放心了。然而，奇怪的是，三天後，這孩子就突然往生了。

至於那位接受供養的修行人，也不是等閒的出家人，而是一位已經證悟色界及無色界禪的聖者。這位聖者因爲這個孩子的善行而深受感動，希望他能有一個光明的未來。然而，受限於當時的世俗體制，僕人的孩子，一輩子就只能夠當下人。這位出家人雖然是聖者，卻也無計可施。然而，聖者以出世間能力，讓這個孩子脫離原有的色身，重新投胎。

接著，聖者又出現在一位渴望得到子嗣的顯爵夢中，並告訴這位姓金的顯爵說：「毛良村一個名爲大成的孩子，今天往生了，他很快便會投生成爲你的孩子。好好把他扶養長大，因爲這孩子將會成爲一位德高望重的領導者。」

這位顯爵一連三夜都做了同一個夢。由於夢境怪異，讓他相當好奇，因此便派遣一名下屬去調查聖者在夢中對他所提之人。這名下屬的回報令他震撼不已──果然，在偏僻的毛良村，最近眞的有一位名叫大成的孩子死去了。

數個月後，當這名顯要的夫人懷了身孕時，他一點兒也不覺得驚訝。孩子生下來後，他們將他取名爲「金大成」，用心栽培他，後來，金大成成爲心羅王朝的宰相，爲韓國建造了二個最著名的寺廟「佛國寺」和「石窟庵」。在他睿智的統領之下，心羅王朝歷經了一段相當長的太平盛世。

金大成對自己的二對父母滿懷感恩之情，並在後來迎請了過去生的父母，以及這一世的父母一起共享天年；爲這一世的父母建造了佛國寺，又爲過去生的父母建造了「石窟庵」。

世事變幻無常，即便片刻時間，所有人事物也將隨之改變。只要你跨前一步，前一刹那便隨之而逝。而那一刹那，即名爲「過去」。只要能理解在我們向前邁進的當下，一切也隨之生起變化，那麼你就會理解放下與不執著的重要。而無常，即是佛法之根本，是眞諦，亦名爲道。

你的父母和我的父母，本來就無不同之處；你的兄弟姊妹，亦如我的兄弟姊妹。無量劫來，我們以不同的角色輪迴相聚，這一生的父母也不是你唯一的父母，因此任何眾生都有可能是你前生的父母，甚至是兄弟姐妹。

你的心，永遠都和諸佛的心相連繫。

8.

善良的雕刻家

如果你去慶州的報國寺，就會見到二座雄偉的石塔矗立在庭院前。如果知道這二座塔的來歷，或許就會明白它們何以如此莊嚴安詳。

一千多年前，金大成成爲韓國宰相後，隨即開始重建並擴展報國寺。金大成希望在寺廟庭院前建造二座石塔，以表達佛陀言教的深廣。爲了完成這件事情，他知道必須找到一位既虔誠又手藝精湛的雕刻師。然而天不從人願，雖然他多方尋找，卻始終找不到一位適宜的人選。

金大成相信，只要他心誠意堅，一定可以找到一位同樣信念堅定的雕刻家，因此，他決定百日齋戒誦經。雖然在名義上，金大成建造報國寺是爲了報答父母之恩，但在誦經回向時，他也不忘同時繫念回向一切眾生，祈願所有眾生皆能開啓佛性，共同營造一個和諧融洽的大同世界。

金大成心無旁鶩，一心誦經修禪。就在百日齋戒圓滿的那天晚上，佛陀出現在他的夢中，指引他：「在百濟境內，住了一位名叫阿薩達的石雕師傅，雕工精湛，而且和你一樣信心堅定。」

爲此，金大成立刻就啓程到韓國西南方，一個曾是韓國百濟王朝的領土去。金大成在百濟待了數個月，穿越村莊城鎮，逢人就問是否認識一位名叫阿薩達的石雕師傅。有一天，他到了一個杳無人煙的山谷，當他靠在一棵大樹下納涼的時候，忽然聽到一位婦人說：「阿薩達，晚餐準備好了！」就這樣，他終於找到了這名石雕師傅，並對他解釋二座石塔必須能夠傳達佛陀言教的深廣，並謙卑地請阿薩達設計和雕刻這二座石塔。

當阿薩達得知自己有這份榮幸盡一己之力，為重建像報國寺這般崇高的寺廟效勞時，真是滿心歡喜，但他卻無法馬上答應金大成的邀請。因為阿薩達深愛著妻子嗄桑侑，而去報國寺的路途卻十分遙遠，如果他答應了造塔的工程，就得和妻子分離好幾年。

當嗄桑侑聽到自己的丈夫被請去造塔，也為丈夫歡喜。她深愛著丈夫，相信他一定有能力雕刻出非凡的作品。然而，她也覺察到丈夫神情怪異，後來知道單是從出發到抵達報國寺，必須花上數周時間，便說：「我知道你的處境為難，但是你所建造的石塔，將傳遞佛陀崇高的言教，而且將流芳百世。雖然我們即將分離，但請繫念你造塔的利益，必將惠及世世代代的人們。」

因為妻子的體貼善解，阿薩達終於下定決心遠赴報國寺雕刻石塔。臨別時，夫妻相擁而泣，久久難捨離情，並立誓終有一天將再聚首。

當阿薩達開始設計並雕刻石塔時，每當他拿起鑿子開始造塔，心中就充滿了對妻子的摯愛，伴隨著希望和見到石塔的眾生分享的心念，願他們能夠被佛陀的德智所感召。當然忙於工作時，這股難以言喻的信念發出了不可思議的威力，引領他往前邁進。

當他開始雕刻多寶寶塔時，四無量心的境相忽然在心中湧現。這種德行能夠調解人與人之間的衝突，讓人們和諧地生活在一起，不分你我，完全無條件地與他人分享，不管受人恩惠或幫助的大小，同樣都銘記恩情。阿薩達爲寶塔的地基立了四根矩形樁，看似簡單，但非常堅固。阿薩達還在樁柱之上，雕塑了象徵天界與地界的精美結構。達博寶塔的雕刻構思教導了我們，天地萬物皆以這四無量心爲基礎。

當阿薩達在設計雕刻俗家寶塔時，開悟的境相在他的眼前豁然顯現。寶塔的每一個界面都有清楚的線條逐一分隔，這樣的設計不但代表阿薩達的心願，祈願一切眾生能夠以四無量心爲修行基礎，依循此道路漸次修行，則人人皆可成佛；從另一個角度來看，這個設計也展現了俗家寶塔的莊嚴尊貴。同時，多寶寶塔和俗家寶塔也反映了阿薩達純淨無染之心。

金大成和阿薩達都是眞誠之人，致力於大公無私和不分你我。金大成爲了幫助一切眾生而興建寶塔，阿薩達則把每一個心念都建立在最初的本性上，每一鑿都刻下了他純淨無染的心。因此，多寶寶塔和俗家寶塔並不是單純無生命的石雕，而是融合了一切眾生共生的心與念。

就如阿薩達雕刻寶塔時注入了四無量心和找尋自己的本心，如果我們能夠把每一件所遇的事物都注入自己的信念，並逐一解決問題，也就等於在塑造自己內心的寶塔，並把巔峰建造於寶塔之上。若你能夠達到這個境界，一切恐懼躊躇都將化爲烏有。

佛教的宗旨在於看清事物的本質。

9.

蚯蚓湯

一個小寺廟的老師父病得很嚴重，身體很虛弱，不久後，甚至連坐起來都覺得困難。寺廟雖也有幾位法師在那裡修行念書，但畢竟坐落在貧困的深山之中，老師父的徒弟們很擔憂，因爲他們能夠提供給師父的藥物實在有限。其中一位較資深的弟子只好把問題仰賴佛陀的慈悲加持，並繼續觀察。後來，他忽然有了解答：他記得多年前曾聽聞人在生重病時，若能夠用一點用蚯蚓熬的肉湯，對恢復體力相當有幫助。對於這個說法，他是從一位住在深山多年的老人口中聽來的。這位老人還熟諳許多怪方法，但都相當的神效。

大徒弟心裡這麼想：「如果蚯蚓湯能夠讓師父復原，我就去做，即便因此得下地獄，也在所不辭。」他大約收集了上百條蚯蚓，洗淨後煮成一大鍋，熬煮了很長一段時間後，他將蚯蚓湯過濾，然後把湯水倒在一個大罐子裡。當他在熬湯時，心裡還是憶念著那些蚯蚓：「這樣對待你們，實在情非得已，但你們可以讓我的師父復原。」爲了報答蚯蚓的恩情，這位弟子便以本心做如是想：「你心即是我心，本爲一體。我相信你們必將輪迴到較高的六道之中。我衷心的感恩你們。」

然而，當其他的徒弟知道這件事後，都難以置信：「什麼！難道你忘了持守殺戒嗎？難道你不知道你將會遭受的果報嗎？」然而這位徒弟依然不爲所動：「師兄弟們，如果有任何的惡報，我願獨自承擔。無論如何，這鍋蚯蚓湯將同時解救我們的師父和這些蚯蚓；當牠們進入師父的肉身，必將與師父融爲一體，仰仗師父的智慧而得以提升。你們想想看，這些蚯蚓要歷經多少千年的歲月才有如此的機緣，遇到這樣的聖者，經歷如此高深莫測的思維和境界啊！因此，在讓師父康復的同時，也解救了這些蚯蚓的慧命，可謂二者同時得救！」

當老師父喝完所有的湯水之後，身體終於康復，病情也穩定了。他把徒弟叫到跟前，問道：「那鍋湯水實在營養豐富，讓我恢復甚多。但是說來奇怪，這湯水到底使用什麼熬出來的？」

徒弟回說：「喔，我在森林裡找到了一棵古樹，摘了許多嫩葉回來，熬煮了許久才熬出來的。」

老師父瞇著眼睛看了看徒弟，咯咯笑了出來，然後又對他微笑。因爲這個年輕的法師，那些蚯蚓才得以輪迴到更高的六道之中。

你認爲戒律該如何持守呢？你是否在持戒的同時，只著重於表相功夫，但心裡卻無限掙扎拉扯呢？從不可見的實相中徹底了解物質層面的表相，你就能夠了悟持戒的眞正意義，做到不持而持了。換句話說，心法和色法本來就不可區分；把二者融爲一體，才是正確的持戒。

我們被教導不殺生，只因每一生命體都和你我一樣珍貴，他們所經歷的痛苦和你我所經歷的痛苦是一樣的。若你能夠了解箇中道理，就不會鄙視任何一種眾生而粗暴地對待他們。如果你是因爲父母之病或子女之病而買了一隻雞，就等於你間接殺了那隻雞。然而，衷心地把你的信念建立在你的基礎主人空之上，意即你和雞本來就是一體。要知道：「你心我心，本來無二」，然後把這個意念建構在你的基礎上。因爲你把雞的精神注入到自己的心中，你毀壞的只是雞的色身生命，而不是牠的慧命。實際上，你是在幫牠消除無明。但儘管如此，你千萬不要在沒有需求的情況下把牠們宰殺來吃。並不是任何一種殺生都是被允許的；更甚者的是殘暴的蓄意謀殺。

10.

國王與鐵匠

很久以前，有一位國王很想知道他的子民到底是怎麼生活的，因此便喬裝爲普通商人，探訪全國各地。有一天早上，當他走過一戶人家時，聽到一個男子說：「今天好冷啊！眞是一個難熬的早上！我們世世代代就是這樣，上得償還恩情，下得賦予智光。」國王見到原來他是個鐵匠，一面生火，一面自言自語。作爲一個統治者，國王就算絞盡腦汁也無法理解鐵匠的話語。

國王回到皇宮後，便傳召該鐵匠，詢問他話中之意。

鐵匠回說：「我雖然身爲鐵匠，但是如果火種用盡、灰燼熄滅，當我再度生火，讓火焰足以燒鐵時，已是日到中天，因此我只能在旭日升起之前，讓火種繼續燃燒。陛下經過當天，天氣酷寒，火種因而熄滅，我只是自問，爲何自己必須承受這種苦？我當然知道自己就是必須經歷這些，才有能力養活父母和祖父母，以及膝下的七個兒女。父母對我恩重如山，含辛茹苦把我扶養長大；而我的子女若要健全成長，除了一般衣食之外，還需心靈上的引導，因此我才說『上得償還恩情，下得賦予智光』。」

國王聽完這一席話，忽然往膝蓋一拍，似乎領悟到忘懷許久的道理：「你所說的，句句屬實。世間萬物皆爲一體，而不是獨立分割的；即便是那些已經往生者，或是將投生者，也是如此，各司其職，看似獨立，卻是一體。」

國王看到了自己和鐵匠之間，其實並沒什麼不同。他領悟到戴上皇冠的作用，並非貪求安逸，享用金錢和權力的福利；就如鐵匠，他也必須奉養父母，培育子女；身爲國王，亦有其職責。況且，上保國家的繁榮富強，下保人民的安居樂業，亦是自己的責任。身爲國王，絕對不可以因爲國泰民安便生起「看吧，這就是我的貢獻」的想法；相反的，他應該認清這就是生而爲人的任務，而身爲國王，更是任重道遠。

國王爲了酬謝鐵匠，送給他一畝良田和一群僕人。因爲國王得到新的智慧，引領他把國家統領得更富庶，人民過得更安樂。

不管你做了多少善行，行了多少佈施，只要心中尚存有「我所做」，那麼你的善行便無法產生眞正的功德。放下對「我」的執著，並把物質和非物質層面做結合。譬如說，單憑移動一根手指，便能貫穿整個宇宙的運行法則，那麼無論你做何種善行，都會產生無限的功德。若你達到這種境界，單憑一碗飯，便可供養上界一切眾生，而飯碗卻依然盈滿，又可下濟無量未證悟的眾生。

若你能依此修行，以此胸襟侍奉雙親，並以慧光引導子女，祥和之氣必將瀰漫整個家庭。

若放下一切，你就會獲得一切；若獲得一切，則你將有能力施予一切。

11.

一無是處的兒子

曾經有一位老人和獨生子同住，很不幸的，這個孩子卻帶給他無限的傷心和苦惱。這個孩子總是爛醉如泥，把家裡的積蓄都賭光了，甚至還經常偷竊他人的財物，和別人打架，有時候在街上吶喊狂竄，有時候又醉倒在別人家的庭院，行爲之惡劣，使得老人家沒有顏面在鎮上立足。

這個孩子不但不照顧年邁的父親，還偷了他的房契去變賣，一夜之間就把所有的財物花在酗酒和女人堆裡。

最後，老人再也忍無可忍：「你給我滾，去死吧！再也別回來了！就算是你得了花柳病死了，也不關我的事！」不久之後，這個孩子就得了花柳病，幾乎當下就暴斃了。

老人家無意的惡口是因爲盛怒，而不是眞的希望自己的孩子死去。他的傷心和後悔幾乎把他的心都撕裂得支離破碎了，老翁日以繼夜守在孩子的臥室前面，因傷心過度而失神。有一天，一位出家人路過，見到他呆坐在那兒，因過度傷心，眼淚都已流乾了。

看著老人的傷痛，出家人入甚深禪定，觀察老人過去所造的業，然後對他說：

「世間一切，絕非偶然；我們所受的果，實際上即是我們所造的業。你過去生把父母的家產花在吃喝嫖賭上，甚至把妻子也給賣了，又令父母肝腸寸斷，因此這一生，你過去生的父親投生成爲你的兒子，這一切，該怪誰呢？其實你過去生所造成的惡業即將結束，你的孩子也將痛改前非，重新做人；然而不幸的，因爲你無法繼續忍耐，對孩子產生粗暴的念頭，因而造成自己的孩子早夭。

「不過，你也不必太傷心。別埋怨孩子，也別恨自己。當你放下這一切，就能夠幫助你的孩子投生到更好的地方。」

老翁聽了修行人這一席話，便放下了心中的悔恨與憤怒、悲傷與疑慮。當他完全放下心中的雜念時，本心忽然顯現出一道強大的智光，剎那間，這道智光引領著孩子的魂魄投生到更好的地方。之後，修行人留下了一首偈頌作爲老翁修行的要旨，然後便離去。

世上沒有任何事物是永恆不變的。即便是你自己或是你所愛的人，因你所言所行種下之業而感召苦果，這些果報也很有可能因爲你的一個善念而轉變，而這就有賴於你轉念的功夫有多深厚，以及當下的念力爲何了。

譬如說家中有一成員做了不可饒恕的事，即使如此，你也應該毫無條件地把一切信念託付在你的本心上。於本質上，父母子女、先生太太和兄弟姐妹的心，都是緊緊相連的，因此，把一切信念託付在本心上——主人空，堅持相信「自己一定能夠達成這一切」。

例如你的孩子離家出走後回來了，你千萬不要厲聲吼叫；相反的，你應該以溫暖慈善的心擁抱他們，然後問問他們餓不餓，在外面的日子安不安全。剛開始，孩子可能以冷漠疏遠的態度來回應你，但漸漸地，當他們能夠感受到家庭的愛和溫暖時，就不會在外面遊蕩了。當你把一切的愛和關懷託付在本質上，你的孩子必定會感受到的，這樣，你的家庭就會圓滿和樂。這種融洽也是一種福報、一種雅致、一種美德。

12.

統帥和石雕佛像

這個故事發生在臨津江戰役❷快結束之際。在這個戰役發生前，日本國內發生了一連串的內戰，戰勝者因而越來越倚賴軍火，因此在臨津江戰役中，日本已經囤積了不少步槍大炮。而戰爭一開始，韓國的許多部隊只能仰賴弓箭。剛開始，日本從韓國的南端登陸，當日軍向韓國北部逼近時，韓軍的反抗越來越激烈。冬季來臨時，有些日軍便撤離已攻陷的城鎮，帶著戰俘、糧食和書籍回到日本；當夏季和秋季來臨時，他們又發動另一輪的侵略，甚至連村落也不放過。

那時，日軍其中一支軍隊進軍到一處，但馬兒一踏上那片土地，四肢便僵住了，後蹄彷彿被地面緊緊地黏著一般。因爲前面的騎兵無法前進，後來的騎兵因此和前面的人馬亂成一團，弄得人仰馬翻，把統帥逼得七竅生煙：

「盡快查出到底發生了什麼事情，否則我保證你們人頭落地！」將士們往四面八方查探，希望能夠找出一些或是某些可以解釋這個突發狀況的原因。

然而，他們唯一能夠找到的，就只是一座極小的、已經坍塌的寺院，裡面一

---

❷介於一五九二到一五九八年之間，日本對韓國發動了一連串的侵略行動，其最終目標在於侵略中國大陸。雖然日本最終被擊退，但他的入侵卻造成了朝鮮半島不可忽視的破壞。

位修行人正在敲著木魚、念著佛號。他們試著把修行人拖出戶外，但無論如何都無法移動他，就算再多的人力都無法將他移動一寸。出家人只是一直敲著木魚、念著佛號，彷彿根本不知道身邊有這麼多人。

當統帥聽了將士們的回報，就確定已經找到了問題的癥結，也就是這個和尚必然擁有某種強大的法力來阻止他們的大軍。所有的百姓都驚慌地逃往別處，只有這個出家人還獨自留守在這裡。

統帥進入寺廟並往裡面觀望，他所見到的出家人長相平凡，看起來一副憨厚的樣子。統帥穿著軍靴，重重的踱進了法堂，往修行人的背後重重的擊了下去。這一次，修行人稍微移動了一點點，便轉過身子笑著面對日軍統帥，好像一切都不曾發生過一樣，「嗯？」

統帥咆哮著：「怎麼！你可別裝作什麼都不知道！」

修行人一副絲毫不受干擾的樣子：「我會的就只是敲木魚。」

統帥怒不可遏地回應：「我知道你一定是使用了什麼妖術，否則馬兒怎麼會僵在那裡！如果你想阻止我的軍隊，那麼你就休想活命了，因為任何人都無法阻止我的軍隊！」

修行人只是微笑著說：「你所到之處，盡是殺戮，不管男女老少都不放過。我想，這是佛陀所爲，目的是想阻止你繼續殺人吧！」

統帥咆哮道：「佛陀？什麼佛陀？沒有佛陀能夠阻止得了我！只要我見到一個，就殺一個！」

另一方面，軍師們還在繼續搜查，最後終於在附近的樹林中找到了一尊石雕佛像。統帥認爲阻止大軍前進的魔法，就是那座佛像，便命令軍士把修行人拖到該處，說道：「我要讓他瞧瞧是誰在做主！」

修行人笑著任由士兵們拖著他的領子，來到了石雕佛像之處。統帥站立著，神情充滿著傲慢，整張臉扭曲得像個兇犯似的極其殘暴憤怒。他抽出手中的劍，一揮就把石雕佛像的頭砍了下來。

一瞬間，紅斑斑的血從佛像的頸部向八方噴濺，統帥頓時被這一幕嚇得愣住了，因爲他自己也被濺得全身都是血，甚至從身上滴落到塵埃和樹葉。他目光所及之處，盡是佛像的頭顱，差點沒有把他逼瘋了——不管從哪個方向望去，佛陀頭顱上的眼睛都緊緊地盯著他，似乎在對他做無言的控訴。

統帥緊緊抓著修行者，祈求他的原諒，並懺悔著自己的狂傲，發誓不再濫殺無辜，並回到日本。

是什麼力量促使這個事件發生的呢？是那位修行人嗎？還是石雕佛像？亦或是那個木魚？那位看起來憨厚的和尚亦是佛陀，他也擁有本有特質，他的基礎，也就是天生具足的一切能力，能夠自如地使一切現象升起和滅去。因此，石雕佛像和那位出家人怎麼可能是分開的呢？各位也擁有同樣的特質，因此，好好去研究和經歷這深奧的不二之心，充滿尊嚴、自信、自在的過生活。

讓心解脫，讓慾望、憤恨和黑暗遠離；讓這一切遠離吧！

13.

懂得感恩的樹

古羅馬的一個省份，住著一戶小康人家。有一天，主人翁帶了一株樹苗回家，栽種在庭院中央，並親手細心照顧。這棵樹長大之後，每年都爲庭園點綴了亮麗的花朵，而庭院主人也細心地施肥、除蟲和灌溉，一整年爲這棵樹忙得不亦樂乎。

一夜，這名男子做了一個奇怪的夢，夢中，他栽種的樹竟然對他說起話來。樹告訴他再過幾天，他居住的地方將發生重大災難，他必須馬上離開住所。然而，男子雖然認爲夢境離奇，卻認定那只是一個一般的夢，當他坐下來吃早餐時，早已把夢境忘得一乾二淨。

奇怪的是，三天後，男子家中的家禽家畜都競相從居住的柵欄掙脫，往外竄逃。他的家僕用盡一切辦法，也無法找到任何動物。男子極度懊惱，捶胸頓足地怨嘆自己的霉運，因爲看樣子，他必然會走向傾家蕩產的厄運。

最終，因爲極度頹喪和失落，男子疲倦的睡著了。在夢中，樹又出現了。這次，樹兒告訴他：「火山即將爆發，已經沒有時間了，你必須馬上離開這裡！我也會離開的！」當男子離開家門時，發現樹木的葉子已經開始枯萎。

男子四處奔走，向左鄰右舍發出警告，家人和家僕也各自緊急的收拾東西，匆忙離開，前往數里遠的一個村落。當他們到達該村落時，竟然發現那些失蹤多日的動物。

當他們注視著那些動物時，忽然傳來一連串的爆炸聲，把地震得像一潭沸騰的水，白晝猶如黑夜。幾天後，當一切回復平靜，男子和家人回到原來的住所，但整個村莊已被夷爲平地，一切都被埋在瓦礫灰燼之下。

一株看似毫無情感覺知的小樹，都懂得在一年之中颱風頻繁時，把樹根更深入的往地底下伸展；而歷盡這麼多重進化，秉持五種感官的人類，怎麼可能比一株小樹所能預知的還少呢？人類的能力比所有其他動植物強上許多倍，可是卻連即將發生的事情都懵然不知？

怎麼會這樣呢？這是因爲我們沒有見到我們的基礎，我們本有的心，這個在我們出生之前便一直存在的心。我們一直都只關注外在的事物。爲了啓用我們本有的心，也就是我們本來就秉持的這個心，就必須開啓自我的本性。只要你對自己有信心，就一定會有所覺悟。

佛陀無所不在！

14.

蕎麥餃子

大約一個世紀之前，在一個偏遠的禪堂裡，有不少修行人面向牆壁，盤腿而坐。這跟平常的禪修閉關並沒什麼不同，直到有一位修行人突然張開雙眼，環顧周圍的每一個人，然後微笑著對大家說：「各位已經擁有一副莊嚴的面孔，爲什麼你們還苦苦不斷地想往他處找尋呢？你本來的面貌就根植於你自身啊！」

其他修行人聽了，都很贊同他所說的話。後來，參與禪修的出家眾都請求這位出家人當他們的禪修導師，指導他們修行。

有一天，這位禪師給其他修行人一大袋的蕎麥種子，要他們栽種。在當時，寺廟很難得看到類似蕎麥這種美好食物，他們平常都吃得很簡單粗糙，因此這些修行人都開始流著口水，想像著可以用蕎麥製作出的各種食物：「我們可以用來做細麵，配上辛香調味料，或者把蕎麥烘烤當成麥片粥來吃，也可以用來蒸糕點，或者是……」他們的討論就這樣伴隨著種植蕎麥的動作。

種好蕎麥之後，某些出家人的思緒裡仍舊想著他們未來的食物。到了茶點時間，他們竟然問師父：「師父，到底是麵條還是蒸糕點呢？還是其他東西？」

禪師漫不經心地回答：「這個嘛，我想我們只能夠看看到時候的狀況吧！」

隨著冬天的來臨，蕎麥漸漸長大開花，穀子也長得更加豐美。一個飢餓的修行人巧妙地暗示著：「熱騰騰的蕎麥糕點，嚐起來一定很美味，對吧？」然而，他從禪師那裡所得到的回應，卻只是禪師很無趣的聳聳肩膀。

最後，當蕎麥終於可以收成，師父才揭曉他們的食物——蕎麥湯餃！其中一位修行人一面搗著蕎麥，一面問禪師：「我們眞的會吃到蕎麥餃子湯嗎？」

禪師回答：「當你把湯匙送進嘴巴裡時，就會知道了！」

午餐時間，所有的修行人都聚集在大堂。當他們誦完午供後，便一起享用蕎麥餃子湯。正當他們準備把湯匙送進嘴裡時，師父忽然大吼一聲：「停！別吞下去，也別吐出來！」他的聲音憾動了整個禪堂，猶如一位老將軍領軍席捲沙場一般；更或者說如一頭猛虎咆哮夜空；又像是當你在高山上撿拾柴薪，突然聽到猛虎在你背後咆哮。所有的修行者都如雷貫耳，呆坐著任由湯水滯留在口中。

最後，師父問道：「怎麼樣，嘴裡還有湯水或是餃子嗎？」

其中一位徒弟回答：「剛剛溶解消失了。」

禪師繼續問：「那麼你認爲這到底是怎麼發生的呢？」

徒弟接著回答：「嗯，這個嘛，我也沒有嘗試把東西吞下去，不知怎麼的就好像一點一點的自己吞進去了。」

「這就對了！現在你們應該明白無爲而爲的道理了吧！」

餃子即非餃子，就如吞亦非吞，吐亦非吐。我們必須明白這個道理，世間的一切，每一瞬間都在變幻，並以一體性而運行，因此所有的標記和固有的思維模式，基本上都是毫無意義的。我們不能夠說我們是吞進去了，還是吐出來了。智慧是空性的，佛陀是空性的，即便是空性，也只是假其名爲空，也就是無法增，亦無法減。

這世間怎麼會有眞正名爲「障礙」的東西呢？千萬別讓「佛陀」或是「尋找智慧」這種假名把自己給困住了。你必須學著以自己的本心爲依歸，讓一切回歸到本心，不向任何一方偏頗，那麼你就可以不在乎吃與不吃的問題來吃蕎麥餃子了。

當我說「一個小杯蘊藏整個宇宙，而杯子依然不至飽和」時，你必須清楚無誤地了知這句話中眞正的涵義。

15.

阿難與鎖眼

佛陀進入涅槃不久，佛陀的弟子便組成了一個龐大的僧團，五百位大弟子推舉大迦葉尊者領導僧團，主要目的在於集結佛陀住世時所宣揚的一切教法。然而令僧眾驚訝的是，大迦葉尊者竟然拒絕讓佛陀的侍者阿難參與經典集結。

大迦葉尊者解釋道：「佛陀曾教導我們，宇宙萬物的運行，物質界提供了一半的實相，另一半實相則是由非物質界所構成。因此，不管我們做什麼事情，都必須同時仰賴二者，不偏頗任何一邊。然而，阿難尚未證悟，對實相僅是一知半解，所以我不能夠讓他參與集結。」

雖然佛陀的每一場弘法，阿難尊者都出現在會場，但大迦葉尊者很清楚，除非阿難尊者已經證悟，否則對於他所聽聞的佛法不可能了知其究竟意義，因此，大迦葉尊者拒絕讓他參與集結經典。

在佛陀的十大弟子當中，阿難陀是聽聞最多佛陀言教者，也是號稱記憶力第一的弟子，因此不難想像當他被排除在經典集結的行列之外時，有多麼的震驚和難堪。

爲此，阿難尊者下定決心，不眠不休不食，全神貫注於內在，不使精神渙散於外；即便生死大事，也拋諸腦後。他把所有一切託付於本性——眞正的造業者，放下了所有「你」、「我」的分別，「我」和「我的」之執著，也放下了對「一切因緣生，一切因緣滅」的認知。

一夜，一切豁然開朗，阿難尊者欣喜自己終於證悟，因此奔向大迦葉尊者的住所，猛力敲門。

大迦葉尊者在室內問到：「是誰啊？」

「是我，阿難！」

「三更半夜的，有什麼事情嗎？」

「大迦葉！我證悟了！我證悟了！我終於可以參加集結了！」阿難高興的呼喊。

當大迦葉尊者得知阿難尊者證悟了，也感到無限欣慰。「太好了，阿難！不過如果你想參與集結，那就從鎖眼進來吧！」

不待大迦葉尊者說完，阿難尊者便從穿越鎖眼，向大迦葉尊者深深一鞠躬。佛陀的這二位弟子，喜極相擁而泣。

這個故事敘述了阿難尊者得以參與集結經典的前因後果，但你所要了解的，不該僅限於字面上的意義。當一個人習慣分別「你、我」，執著「彼、此」，那麼有什麼資格談論超越時空數量、無所不在、無所障礙的眞理呢？除非你已經了悟眞理的精髓，否則在知見上，是不可能圓滿的。

當你證悟自己的本性，就有能力透過自己的慧眼看到和聽到一切，就會了解每一單一事件在本質上都互爲因果，並且以一體性運作。實相上本來就沒有所謂的「來」與「去」，因此當阿難尊者證悟的那一刻，便可洞察大迦葉尊者的用意，清楚地知道大迦葉尊者一直不曾與他分離。

阿難尊者從鎖眼進入，意謂著他的心來去自如，沒有障礙；因爲由始至終，大迦葉尊者和阿難尊者一直都不曾分離。

那麼大迦葉尊者爲什麼用了「鎖眼」這個字呢？那是因爲佛陀曾說，「門很多，但很難找到要找的那一扇。同樣也很難找到那一扇，因爲根本無門。」如果宇宙萬物就是那扇門，那麼就不需要鎖眼了。而且，沒有所謂的「門徑」，又何來鎖眼呢？基於這一點，我們就必須回歸到問題的本質加以觀察。如果你瘋狂掙扎著希望找到一扇門，那麼你就無法了解佛法，無法了知一切事物不二法的運作。

如果你僅是透過理論上的聞慧和思慧，是無法見到佛法聖諦的，同時也無法正確無誤地見到無常變幻的眞理，只能夠在「對、錯」、「彼、此」和「大乘、小乘」之間作區分。若你想知道佛陀的言教，就請放下所有的分別妄想吧！

從一棵古樸蒼松
一閃而出耀眼之光
雨水
洗滌大地填滿江河
魚兒，
或大或小
開始歡歌漫舞

為了體驗一個完整的生命歷程，你必須了知生命的起點和歸宿皆源自同一處所。

16.

禪師與狗肉

很久以前，一位著名的禪師和數位弟子遷徙到一座深山裡。當禪師的行蹤在當地傳開來以後，有好幾百位出家人競相到訪，都希望成爲這位德高望重禪師的門徒。

因此有一天，這位禪師面對著衆出家人說道：「嗯，大家看起來風塵僕僕、滿臉倦容。我看就抓條肥狗來燉補吧！但一定要夠大鍋，才足夠大家享用。」

衆弟子們都嚇呆了，鴉雀無聲地坐著。當禪師離開後，一群出家衆開始騷動起來：「師父到底在說什麼啊？出家人竟然殺狗吃狗肉！」經過此事後，那些出家人便陸續離開了。

最後留下來的，就只是原有的那些弟子，以及幾位新來的出家衆。禪師環顧大家一眼，然後咯咯地笑道：「被第一縷秋風掃過的落葉，看來幾乎隨風消逝殆盡啊！那麼，關於如何修行嘛……」

善、惡、高、低、美、醜，這一切都是由我們的主觀意識所區別出來的。從我們基礎的感觀，本來沒有所謂的分別，宇宙萬事萬物透過這個基礎和我們緊緊

相連。了知所有事物都源自這個基礎，並把一切依託在這個基礎上觀察和前進。若你依此修行，你的主觀意識以及分別心便會慢慢淡化。若能做到這一點，你就不會被這位出家人是德高望重或是無名小卒的觀點給蒙蔽了，也不會在乎什麼該吃、什麼不能吃，或是毀謗他人而障礙了你的修行。

到底幾個人離開、幾個人留下，都無所謂。一棵大樹怎會在乎凋零了幾片落葉，或是因枝幹斷缺而顫抖；同樣的，雖然有些人說佛法已沒落，但只要還有一個眾生存在，佛法就有可能住世。

世間一切因你的出生而發生；因爲你存在，所以他人存在；也因你存在，所以佛陀存在。若你不存在，那麼眞理或是言教對你而言還有什麼意義呢？當我們出現在世上的時刻，佛陀便誕生。這個道理本身就是事實，因此，切莫認爲除了你所生存的空間，佛陀教導的眞理還存在另外的空間。

然而，人的根器和智慧大不相同，因此無法理解爲何有時候得道的禪師會以非常的方法來篩選因緣成熟者。

當我完全把「我」的概念放下的剎那，稱之為「本我」的真理
便會自自然然地顯現。

17.

四房妻室

曾經有一戶擁有四房妻室的望族，當他得知自己即將不久於人世，內心非常不安，因此便把妻子們一一叫到跟前。

他問了最年輕貌美的小姨太：「你是四個太太當中，我最寵愛的一個。如果我往生了，你是否願意隨我而去？」

四姨太回答說：「我會陪著你去，但僅陪你到你的墳墓。」

爲此，望族感到很失望，因此便傳召他的第三房妻子：「小甜心，爲了把你娶進門，我不知忍受了多少磨難，流下了多少淚水，最後才得以讓你成爲我的妻子……如果你想想我有多麼愛你，難道還會不跟我一起走嗎？」

然而他的三姨太回答說：「從來都是你在追求我、愛著我，我並不曾追求過你啊！當然，我現在也不可能開始這麼做。」

接著，望族又把第二房妻子叫到跟前：「親愛的，這些年來，我們一直廝守著，我也一直照顧著你，對吧？不論你想吃什麼，我都會提供，一直無微不至的照顧，綾羅綢緞任你挑，是吧？現在我的時日已經不多了，眞令人害怕。我往生的時候，你是否願意陪我一起去呢？」

但二姨太直截了當的就拒絕了他：「我不能跟你一起去。」

最後，他把元配也叫到跟前，以哀傷凝重的語調對她說：「我眞的很對不起你，跟你在一起的日子裡，我從來不曾好好關心過你。但我們夫妻一場卻是個不可否認的事實，我往生的路，你是否願意陪我走一遭呢？」

元配的回答十分令望族驚訝：「我當然很願意。不管你是否是個好丈夫，我都願意。想想這些年來的廝守，除了我之外，還有誰會陪著你去呢？」

在這個故事中，四姨太代表家庭成員，譬如你的孩子、眷屬。你爲了愛他們，讓他們得以溫飽，甘願不眠不休、忍受飢餓；然而，他們頂多也只能夠陪你走到你的墳前。

三姨太代表財富與權力。人們歷盡多少苦難，爲的不外追求財富和權力，就算犧牲了健康和家人也在所不惜；然而，當大限來臨時，人們是一分錢、一分權也帶不進棺材的。

二姨太代表的是我們的身體。我們費了多少心思在這個身體上，餓了令其飽滿，冷了令其溫暖，熱了令其涼快；然而，不管我們對這個身體有多麼眷戀，當大限來臨時，身體依然無法隨我們往生。

元配代表業報。即便身體已經敗壞，這些業報依然緊緊相隨。這些業報包括在世時的行爲和思想。不管你是橫死或善終，每一個心識和行爲都被一一記錄下來，就像這個元配一樣，形影不離的追隨著你。

現在讓我們來檢討一下。即便你已經下定決心行善，但往往都事與願違，不是嗎？這些不正是因業報心的催化作用嗎？這些業報心令你無法依據眞理的規則去思考，因此當這些業報心生起時，就把它們放下，將一切託付於你的基礎。然而，你自己卻是把這些意識心注入八識田中的主人，因此，當這些意識心再度生起時，你就必須決定該如何處置「它們」——令它們消融，還是再次將其注入八識田中？因此，千萬不要把自己的錯誤怪罪到別人頭上，更不要把困難或問題歸咎於他人。

一個人在生時，若常生起魔鬼或動物般的思想，那麼當他死後，便很難避免投生該界。另一方面，一個人若常生起誠摯之心和善心，那麼他很自然地便會投生天界。

18.

眞正的佈施

有一天，一個寺廟的出家眾外出化緣食物，其中一位出家人進了一戶庭院。因爲這戶人家看起來家境極爲貧寒，出家人便不忍再向他們化緣。正當他轉身準備離開時，這戶庭院的主人叫住了他。這戶人家雖然窘困，卻希望能夠供養一份心意。他們家中沒有食物可以供養，因此特地到鄰近人家乞討他們本想丟棄的洗米水，隨即把水煮到看起來像羹湯一樣濃稠，然後恭敬地端了一碗供養出家人，出家人也很隨喜地接受了這份供養。

出家人喝著米湯，心中無限感動，決定以實際行動來回報。出家人到山上撿了許多柴薪，盡了最大的力氣，挑起了體力所能夠承受的一大捆木柴，前往那戶人家。在途中，出家人恰巧遇見自己的師父。

師父問他在忙些什麼，出家人便一五一十把事情的經過告訴了師父。當他一說完，師父便隨手抓起一根柴薪，毫不留情地往他的腿上猛打，咆哮著說：「你想想看你到底幹了什麼好事！你是一個修行人，若要幫助他，應該透過無相佈施才對。一旦他們把柴薪燒完了，那麼他們所佈施的功德也就沒有了，你認爲這就叫作佈施嗎？」

出家人痛得在地上打滾，身上還背著一大捆柴薪，眼淚不由自主地直流，雙手搓摸著兩條小腿。最後，當他坐起來擦乾血和淚時，忽然覺醒到何爲無相佈施。

「嗯，沒錯！這就對了！」血仍不斷從出家人的小腿往下淌，但他終於領悟到如何把思維建構在本心上，霎時，身上所有的疼痛和驚嚇都消失得無影無蹤，身心頓然輕安，就像是可以飛上青天一般。事情過去了，這戶佈施出家人的人家，家道漸漸富裕，最後竟成爲村子裡的富豪之一。

心是如此珍貴，如此淵博！一切爲心造。物質所能夠提供的暫時幫助，絕對比不上將你的心念託付於你的基礎，然後以這份心念幫助他人。當你以本心所發的無私善念助人，這種幫助將綿延不斷，並且是從最根本處使他們受惠。更甚者，這種功德最終將回歸到發心的人身上。

不管你是否已經開悟，切記把所有的念頭回歸到你的本心，並好好經營你的念頭。把惡念的鏈索摧斷，放下「你、我」的分別、「某某人所爲……」等等所有的埋怨和憤恨。

千萬不要讓「我的無知」、「我的病痛」或是「我一無所有」等種種負面想法，主導了你的身、語、意。

若你有此傾向，果報必然不善。這是因爲負面的思維，將慢慢根植於你的本心，而這些負面思緒將以不同的形貌回歸自身。因此我們會說，一念善而爲天，一念惡而地獄成形。

100

台北市信義路二段213號11樓

城邦文化事業股份有限公司

橡樹林出版事業部　收

姓名：

地址：（郵遞區號）　市／縣　鄉／鎮／市區

路／街　段　巷　弄　號　樓／室

橡樹林出版●讀者服務卡

感謝您對橡樹林出版社之支持，請將您的建議提供給我們參考與改進；請別忘了給我們一些鼓勵，我們會更加努力，出版好書與你結緣。

Yes！■我希望收到橡樹林出版之相關書訊。（□尚不需要書訊，謝謝！）

■您此次購書書名：

■您的電子郵件信箱E-mail：

■性別：□1.男 □2.女　　■生日：西元　　年　　月　　日

■教育程度：□1.碩士及以上□2.大學大專□3.高中職□4.國中及以下

■宗教信仰：□1.皈依佛教徒□2.受洗基督教/天主教徒□3.對佛教有好感但尚未皈依□4.對基督教/天主教有好感但尚未受洗□5.道教□6.尚無特定信仰□7.其他：

■職業：□1.學生□2.軍公教□3.服務□4.金融□5.製造□6.資訊□7.傳播□8.自由業□9.農漁牧□10.家管□11.退休□12.其他：

■您從何處得知本書消息？□1.書店□2.網路□3.書訊□4.報紙雜誌□5.廣播電視□6.道場□7.讀書會□8.他人推薦□9.圖書館□10.其他：

■您通常以何種方式購書？

□1.書店□2.網路□3.書訊郵購□4.展覽會場□5.其他

■是否曾經買過橡樹林的出版品？□1.沒有

□2.有，書名：

■您會選擇本書是因為：(可複選)

□1.主題□2.作者□3.書名□4.他人介紹□5.他人贈送

□6.其他：

■您希望我們未來加強出版哪一種主題的書？(可複選)

□ 1.佛法生活應用□2.教理□3.實修法門介紹□4.大師開示

□ 6.大師傳記□7.佛教圖解百科

□8.其他：

■其他建議：

Oak Tree

19.

以智慧為導航

曾經有一家公司的老闆不但懂得經營生意，也擅長管理人才，因此業務蒸蒸日上。員工之間向來相安無事，從未發生過竊賊之事。然而，不知從什麼時候開始，公司的產品開始從倉庫平白消失。損失雖然不算慘重，但公司老闆仍希望在事情惡化之前趕快處理，因此在沒有警示的情況下，開始關注起倉庫的動靜。一天晚上，他忽然發現有兩個人影鬼鬼祟祟地把貨物從側窗搬運出去，而這二個人竟然是他最寵信的員工，他們皆來自困苦家庭，向來工作勤奮，爲人可靠。

老闆盡了最大的努力才讓心情平復，去面對被員工背叛的憤怒。他仔細地審視當時的情況，承認所丟失的財物並不多，而當他再度思考這二名員工平時對公司的努力和付出後，讓他覺得應該觀察他們的行爲是否情有可原，因此決定給他們第二次機會。如果這個方法是可行的，他不但能夠避免毀了這二個員工的前途，還可以爲公司留住二個好員工。

第二天，老闆把這二位員工叫進辦公室：「過去幾週，我們的倉庫出現了竊賊。這家公司裡，除了你們二位，我想不出還有什麼人可以讓我更加信任了。因此，我希望你們二位能夠處理這個問題。」事情交代完畢，老闆便把倉庫鑰匙交給他們。

這二人發現自己的處境極爲尷尬。他們一直都很擔心萬一東窗事發，一定會受到懲罰；然而，老闆卻把重任託付給他們，還把倉庫鑰匙交給了他們。當然，從此以後他們不曾再偷竊倉庫裡的東西，甚至爲當初錯誤的行爲作了重大的修正，認眞把倉庫管理得井然有序。再者，其他員工也意識到這二人受到老闆的器重，就這樣，公司的業績也比以往更好。

想想看，如果當初老闆決定嚴懲這二位員工，後果將會是如何呢？如果老闆向他們厲聲開罵，然後開除他們，更有可能的結果是，老闆不但沒辦法讓他們意識到自己所犯的錯誤，反而會激起他們心中的憎恨，而接下來的結局會是什麼呢？雙方各執己見，開始醞釀惡念，想盡辦法報復對方，接著便會惡性循環，冤冤相報，何時能了？事實上，有許多類似的例子，如果當初能夠多一點寬容，多一點慈悲，許多難堪的後果將是可以避免的。

即便是一個念頭也是如此重要。就算被他人脅持於刀口之下，如果你眞的能夠在本質上看到彼此本爲一體，那麼對方就有可能會放下屠刀，轉身離去。沒有人會殘害自我，因此，不管你處於何種狀況，都沒有什麼好害怕的。

故事中的老闆似乎懂得不二之心，知道如果能夠改變他人的想法，將遠勝於以懲罰的方式來處理事情，這對雙方而言都是比較好的。這就是爲什麼我一再告誡他人，將所有一切和我們相關的人事物，建構於我們本有的不二之心。如果我們能夠以「這個基礎將照顧一切」的智慧來生活，不是很好嗎？

那些對這個基礎有絕對信念的人，必定不會受到他人的傷害或征服。這個基礎的信念，將賦予你照亮他人的智光，令他人對自我所作的不善行爲懺悔，激發他們改過自新，重新做人。我們應該像故事中的老闆一樣，把一切建構在這個基礎上，把倉庫鑰匙交給那二個員工。由於他是眞心把一切都託付給他們，因此這二個員工覺察到老闆賦予自己的權利，讓他們感知到自己的責任，因此全心全意地把工作辦妥。相反的，如果老闆說一套，做一套，心裡還是對他們存疑，一再暗中監視他們，把鑰匙守得緊緊的，並且介入他們的工作，那麼多數人都會覺得：「好吧，既然你信不過我，那你自己做好了！」如果是這樣的狀況，又有誰能夠全心全意地付出呢？

主人空即是你的基礎，你的佛性，也是能夠眞正解決一切的基礎。因此，請相信這個基礎，直到最後！以堅定的信念，把生活中所必須面對的一切託付於這個基礎。只要這個信念夠堅定，你將不再動搖。請別忘了這個本心，你的基礎是一個能夠擁抱世界上所有的一切、貫穿整個宇宙的無價之寶。

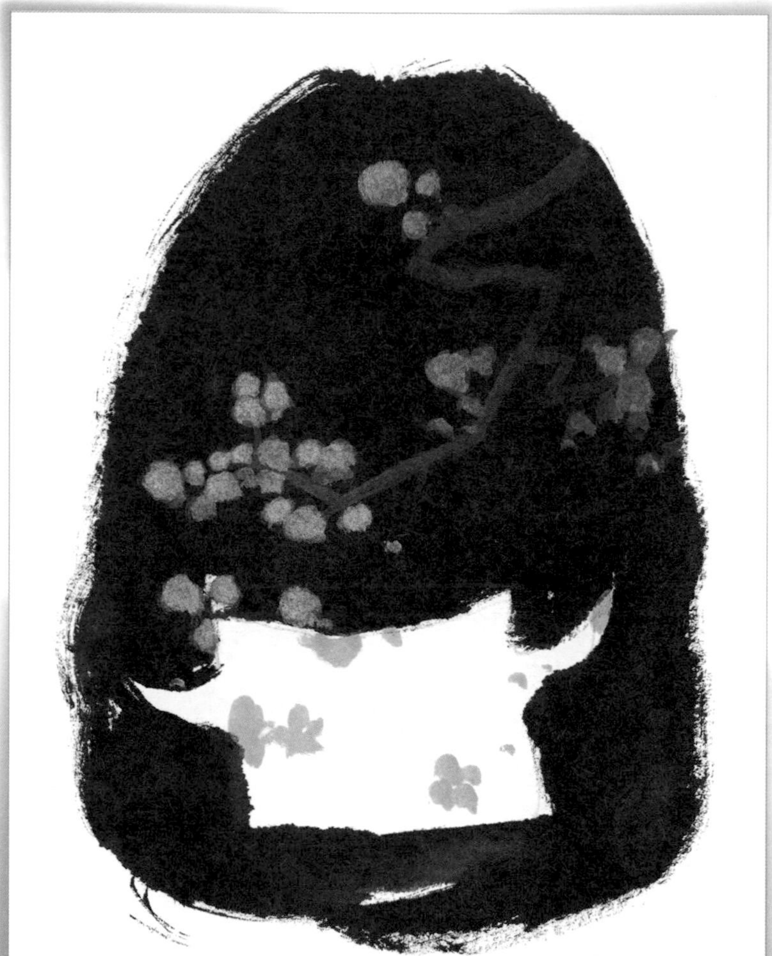

一切現象皆從心中生起，亦從心中滅去。

20.

命運和運命

很久以前，有一個貧窮但心地善良的人，在死亡的當天去到另一個世界，看到眼前盡是形狀不一的蠟燭：有細瘦的，有壯大的，也有高大得看不見頂的，有粗而短的，有的蠟燭火焰明亮，有的火焰看似即將滅去；每一根蠟燭前面都有一個嵌上名字的袋子，有些袋子看起來很飽滿，有些感覺上則是軟趴趴的空虛。他四處觀望，忽然看到一個空袋子，上面竟然寫著自己的名字，而後面的蠟燭雖然只燃燒了一半，卻已經熄滅了。

當他再四處觀望，忽然看見一個老頭子。老頭子對他說：「我是這個地方的守護者，也是你的祖先。說起來，也已經是十二代以前的事情了。你會早夭，是因爲福薄啊！你雖然善良，但是所累積的福報實在太少了，更可況你的祖先所累積的福報也很少，並且已經耗盡。然而，你的生活也算過得不錯，因爲你也是我的後裔，所以我可以教你一個方法。」老人說著，便指向附近一支很高大的蠟燭：

「這個人的陽壽非常長，並且也累積了不少福報，但是必須還要八年，他才能夠享用這些福報。我會把這些福報暫時借給你八年，你回到陽間必須好好生活，更重要的是，要盡你所能的去幫助他人，時間到了，你就必須歸還這些福報，到時候你也已經為自己累積足夠的福報。最後，你一定要記得，在八年之內，你必須償還所欠的債務。」老人說完了最後的叮嚀，便把年輕人送回陽間。

當年輕人的魂魄回到自己的軀體，所有的人都還處理他的葬禮，為他做最後的祭拜儀式。或許該歸功於他所借來的福報，才不致使這樣突兀的回魂把在場的人們嚇死！

八年來，年輕人盡一切能耐，用盡一切方法，減輕人們的苦痛，引領他們走向光明的前途。其間，他的每一項投資都非常成功，最後更成為該省的富豪之一。

終於有一天，大門前來了一個極其窮困潦倒的人。這個窮人為了報答年輕人佈施給他的食物和安身處所，願意以做長工的方式來償還人，並自願擔任最粗重辛苦工作的勞役。當年輕人見到他的正面時，忽然知道這個人就是借給他八年功德之人。他知道償還債務的時間已到。在陰間，他的祖先已經為他償還了無形的功德，而他原有的袋子，現在已經飽滿；在人世間，他把自己的房子和一半的財產給了這個窮人。

之後，年輕人依然很成功，仍舊盡己所能的幫助他人，直到生命的終點。他在人世間所立的楷模，深深影響了後代的子孫，而他的子孫亦是周遭人們所仰賴的慈悲明燈。其子子孫孫的富貴，得來絕非偶然。

若您希望見到過去，希望預知自己的未來，那麼好好地看著你當下是如何生活的。我們所欠下的債務，必然以同等比例的艱苦呈現在生活中，只因我們的無明，當我們在受報時，依然懵然不知道自己造作了什麼業，因而無法明瞭爲何要遭受這樣的苦果。假使我們知道自己所造之業，便會明白這些業報何時回歸自身。若你想知道未來的業報，看看你當下的生活形態便可知道。

大家都知道把要錢存到銀行裡，那麼爲什麼人們不好好計畫將無形的積蓄存起來，以備後世之需呢？

21.

塞翁失馬

在遠古中國的邊塞上，住著一戶養馬的人家。有一天，一頭最名貴的千里牡馬跑掉了，左鄰右舍都前來安慰他，都說丟了一匹這樣的良駒，實在是無限可惜。然而老人家似乎無動於衷，只是淡淡地回說：「唉，很難說呀！不管你擁有什麼，最終還是會失去，不是嗎？當失去一樣東西，另一樣又會塡補上來了，不是嗎？」

誠然，好幾天過去了，千里牡馬卻帶回了一匹更爲壯麗的母馬，即使是那些對馬毫無認知的人們，也可以一眼就看出那是一匹不平凡的馬。「恭喜你！還以爲丟了一匹寶馬，竟然又得到一匹更駿美的寶貝，眞是好福氣呀！」

但老人依舊不爲所動：「難說呀，每當你得到什麼，說不定就會失去些什麼。還是看看再說吧！」

又過了一些時日，老翁的兒子因爲騎那匹駿馬而摔斷了一條腿。雖然他們盡了最大的力量接合那條腿，但很明顯地，那孩子還是注定得瘸行一輩子。見到自己鍾愛的獨子變成了瘸子，大家都覺得這下子老翁一定很傷心，都紛紛來安慰他。然而，老人還是令他們感到驚訝，一樣只是淡淡地回道：「很難說呀，說不定摔斷了腿是件好事！」

數年後，國內發生了一場內戰，村中所有的年輕男子都被徵召入伍，只有老翁的兒子例外。

得與失就像是銅板的兩面，永遠都不可能擁有其中一面而排除另一面。許多人都歡慶所得，悲悼所失，然而，假如你知道這二者就像形影般相隨，就不會爲得失所束縛了。當你把一切都託付於你的本心，那麼你就可以實踐中道了。

老人家知道得與失是齊頭並進的，因此不管是巨大的收益或是慘重的損失，都依然保持平靜，維持中道；意外的鴻福並沒有使他充滿喜悅，突然的損失也沒有令他陷入沮喪，這就是智者的生活態度。

一旦涉及得失，欲望便是喜悅和悲傷的根本。因爲人們無法放下貪婪和欲望，反而緊緊抓牢一端而不願捨棄另一端；對於智者而言，他只會毫無條件地把這二端託付於它們的本質。

22.

學者與攝政王的故事

很久很久以前，有一位貧窮的學者，與當時全能的韓國攝政王是遠房親戚。這位學者鑽研古代經典的原因，實際上是爲了學習古人的美德，和如何成爲一個眞正的仁人君子，而不是爲了沽名釣譽。好些年前，這位學者忽然心血來潮，覺得應該會一會那位鼎鼎大名的遠親，一睹其廬山眞面目。他雖然因此耗費了很長一段時間積蓄盤纏，但最終還是如願以償，終於累積了足夠遠赴首都的旅費。到了首都，他穿上了自己最好的衣服，但那衣服顯然已經相當老舊，縫補過不止一次。宮中的文學士語帶嘲笑地說：「又是一個窮酸的鄉巴佬學者。」他安排這位學者暫時住在一個比那些小官員的住宿好不了多少的客舍，要他在那裡等候傳召。學者在那裡一天天的等待，終於有一天，等到了攝政王的傳召。

學者跨入攝政王的寶座，向攝政王深深地一鞠躬，但攝政王似乎與臣子正在商量著要事。學者以爲攝政王沒有注意到自己的出現，因此又再次鞠了一個躬。此時，攝政王暴跳如雷：「這是什麼意思！你把本王當成死人了嗎！」殊不知在韓國，人們向生者只鞠一次躬，在告別式上向亡者鞠二次躬，對佛陀則鞠三次躬，因此，對他人鞠躬二次是非常挑釁的事情，幾乎等於在詛咒他們。

第二次的鞠躬，讓學者陷入水深火熱之中。攝政王的火爆乃人盡皆知，只要有人惹惱了他，通常不會有好下場。然而，這個學者卻毫不退縮，以自若的微笑回應了攝政王：「大王或許誤會了草民的意思了。草民晉見大王時，向您鞠了一個躬，但草民見大王有要事與大臣相商，因此又再次鞠躬向大王請辭。」學者再次笑著說：「承蒙大王海涵，草民就此告退。」說完便轉身離去。

攝政王坐在寶座上愣了一下。他是韓國最具權威的人物，而這個衣衫襤褸的鄉巴佬學者卻輕而易舉地應付了過去。攝政王派遣侍者把學者召回：「你果然吃了熊心豹子膽。你以爲本王沒看見你的到來嗎？竟然膽敢在本王面前耍寶！不過你能夠鎮定自若地回答本王，算你夠有膽識。本王正需要像你這樣能夠正氣凜然、臨危不亂之人。本王打算讓你在所居住的區域負責軍事訓練，睿智地幫本王管理軍隊和訓練有才之士吧！」

對學者來說，這眞是意料之外的福祉，因爲這不但是一項要職，而且收入豐厚。此外，這不但是一個讓他得以進入上流社會的途徑，同時也讓他有機會幫助許多人。事實上，這個美差也徹底改變了他和家人的命運。

我們也能夠像這位學者一樣，以正義、勇氣和智慧面對人生。我們所需要做的，就是學著相信自己的自性。在外觀上，人有男女之別，有角色之分，但自性上卻沒有男女相，或是貴賤之分。即便佛陀就在你面前，你也要清楚了知在本性上，你和佛陀是沒有分別的。因此，只要相信自己的本性，不管身處於何種境況，隨時都可以充滿尊嚴、勇氣十足地泰然面對。假如你能夠如此向前邁進，這一切便可融爲一體，自然和諧地運作。

只要謙卑慷慨地待人，你心中的善念，也將會薰染並軟化他人的心。

23.

貪婪的媳婦

從前，在韓國的深山裡，住著一位年親人和他的老母親。年輕人雖然家徒四壁，但事母至孝，照料母親的生活起居非常周到。

因爲家境極爲窘困，年輕人的親友都爲他擔憂，他們認爲如果不採取必要的行動，長久下來，年輕人將一輩子都成不了婚。因此到了年輕人適婚的年齡，親朋好友們就拼湊了大夥兒所有的積蓄，請媒婆爲他物色一門親事。親友們雖然盡了人事，但可想而知，因爲出身貧寒，在選擇伴侶這件事上，年輕人也無法挑剔。

成婚之後，年輕人漸漸發現新婚妻子不但貪婪，而且對自己的母親很苛刻。當年輕人到田裡幹活時，妻子不僅對他的母親不聞不問，甚至經常不餵食行動不便的母親。日復一日，只見年輕人的母親日漸消瘦。

當年輕人發現這件事情後，原本想對妻子興師問罪，但經過一番深思熟慮，終於想出了一個好辦法。他準備下一次從市集賣米回來時，對他的妻子這麼說：

「你知道嗎，我今天在大市集看到許多人在販賣母親！那些看起來圓圓胖胖的老婦人，叫價竟然高達一千銀幣！我想，不如把我母親也帶到那裡賣了吧。只不過看她現在這副模樣，也賣不了幾個錢。我想我們可以用大約三年的時光好好地照顧她，到時候一定可以賣個好價錢。一千銀幣喔，你覺得怎麼樣啊？」

在當時，一千銀幣簡直就是天價。從此以後，年輕媳婦的全副心思就只想著如何才能夠把婆婆養得白白胖胖又健康。她日以繼夜，長久下來，心中所在意的就只有這件事了。

經過如此細心的照料，年輕人的母親身體漸漸康復。某日，她帶著孫子到外面閒逛，遇見了一些老朋友，便在他們面前大力稱讚自己的媳婦是如何細心地照顧她。三年時光就這樣過去了，媳婦慈孝婆婆的故事因而傳遍鄰村街坊，就連地方官員也有所耳聞。該官員有感於這個媳婦的孝行，便下令爲她建造貞潔牌坊，作爲他人仿效的楷模。

這個媳婦孝行的初衷雖然出自求取富貴，但因爲她日夜都以「爲他人著想」而生活著，久而久之，貪婪和自私的心便慢慢消融於無形。當見到貞節牌坊終於竣工之時，媳婦終於愧疚涕泣，立志成爲牌坊文中所刻的一個眞正孝順的媳婦。

各位想想，宇宙一切萬物，本來就秉持同一本心；這個本心一旦顯發，便能體現同體大悲、水乳交融。然而，這絕對不是一件不勞而獲的事情，你若想發掘潛伏於你我內心的這顆無量寶藏，就必須開展出像這位年輕人的智慧，更需要像媳婦般的用心經營。當你把智慧和實踐同時並行，慢慢地，便會找回本來的自性，從而理解到自己與萬物的關係，以及隱藏於內心深處的巨大潛能。

24.

考驗

朝鮮王朝時期（一三九二—一九一〇），有一個秀才要到首都首爾考殿試，他在日光如炎的暮夏日夜兼程，又餓又睏，終於走到一家小客棧。秀才步入客棧時，沉重的嘆息了一聲，然後坐在凳子上。他點了膳食，拿出了錢包，淚流滿面地凝視著。

過去幾年來，他爲了殿試日夜苦讀，全家的重擔就落在妻子一人的肩上。在名義上，他是堂堂一名秀才，但自己的妻子卻得爲了一家大小的生計，在別人家中掌廚，同時幫忙縫縫補補的工作，就這樣一點一滴的累積，總算勉強可以維持丈夫和孩子的三餐，並湊足盤纏讓丈夫到首爾參加科舉。

令秀才更爲汗顏的是，這已不是他首度赴京。高中猶如登天難，秀才已好幾次落第了，因此，此時此刻，妻子的任勞任怨、含辛茹苦，以及體恤愛憐，就有如沉重的擔子壓在他的心坎裡。

正值當時，舉國乾旱數載；一旦降雨，若非氾濫成災，便是把稻穀埋於砂石瓦礫之中，百姓之苦無以言喻。然而最大的災殃，卻是來自貪官污吏對百姓的強取豪奪。即便百姓吃的是草皮樹根，這些貪官污吏仍然不肯善罷干休，把他們僅存的活命尊嚴都榨取殆盡。事實上，若這些官吏尚有良知，據實稟報，百姓們不但能夠豁免當年的稅金，在國庫許可的情形下，甚至能得到國家緊急撥糧救濟；但這樣做無非是斷了這些貪官污吏的財路，使他們無法榨取更多的民脂民膏，因此他們對這些慘重的災情絕口不提。有鑑於此，不管村落有多小，秀才都不曾輕易忽略任何老弱婦孺悲天搶地的哀號，他暗暗發誓：「我若高中，誓爲巡撫，揭發這些貪官污吏，救百姓於水深火熱之中！」

當時，國王身邊有一群密探，主要任務是到各地探訪民情，然後將實情稟報國王。這些密探有權於各地執行司法公正，爲受冤屈者洗脫罪名，所有的官吏都必須遵從密探的旨意。另外，國王還賦與這些密探拘捕、流放官吏及對他們行刑的特權，因此貪官污吏最害怕的，莫過於見到一個衣衫襤褸的農民，忽然以威嚴的聲音，高舉國王密探的徽章。即便是最狡詐、最具權威的宦官，一見到刻有五匹駿馬的銅鑄徽章，縱有氣焰凌人的姿態，也會馬上變得謙卑起來，可見這些密探才有眞正的權威拯救百姓脫離苦難。

當秀才一想到許許多多的苦難者，以及自己的妻子，馬上正坐挺胸，當下立誓：「勢必高中，至死不渝！」當他抹去眼眶的淚痕，一位滄桑老者在他身邊坐下。「唉唷，我的雙腿喔！要是天氣再熱一點，我眞不知怎麼辦才好！」說了，便望著秀才一笑：「年輕人，這樣一個大熱天，你要去哪兒啊？」

秀才應道：「老丈有禮，我正準備上京趕考。」

老人又說：「那正巧，你應該看看這個。」老人從他的背後取出一本老舊的冊子，遞給秀才。秀才接過冊子一翻，發現每一頁都是空白的。秀才想要對老人說些什麼，但一抬頭，老人卻消失無蹤了。秀才頓感困惑：「難道我是熱昏頭了？怎麼會一轉眼就不見人影了呢？」但稍一定神，老人送給他的冊子明明就在手上啊！

秀才坐在那裡許久，凝視著書中空白的頁面，路人見他神情凝重，還以爲他是在鑽研著義理深奧的典籍，誰也沒料到他原來是在看著一本空白的冊子。秀才驟然往膝蓋一拍，「嗯，沒錯！就是這個道理！不管有情無情，本來性空，而空中能生起一切，隨順所需，而一切自盈滿；一，即是一切，亦可成就一切。」

秀才恭敬地把冊子收進包袱，微笑著往進京之路邁進。科舉當天，他進宮找到了自己的位置，最後，主考官揭示考題，唯一字：空！考生們必須以此考題用詩體做文章。秀才馬上想到老人送給他的那本空白冊子，發出會心的微笑，以「空」立論，提筆寫出宇宙萬物運行的法則。不令人意外的，秀才果眞高中榜首。當他晉見國王，說出自己的故事後，國王便欽點他爲巡撫，令他保護百姓，維護正義。

當豌豆尚未成熟時，總會黏附著豆莢，不是嗎？然而豌豆一旦成熟，豆子便會自動從豆莢中彈出。秀才對德者的學習，以及我們對於仁者之道，都必須達到像秀才這般境界，僅憑一冊空白頁面，就能夠令人豁然開悟。

古代大德所留下的言教不可勝數；然而，若自己根基膚淺，修行不足，對於這些言教，也僅是文字音聲和空洞的理論。若你無法體會這本「空白冊子」，也就無法體悟其他充滿文字的典籍。你必須能夠眞正體悟言外之意，才能眞正通過考驗。只要功夫深，即使不假隻字片語，也能夠契悟本意。

此身稍縱即逝，惟精神永垂不朽！

25.

同夢不同境

在一個村子裡，住著一對親如兄弟的朋友，他們從小一起長大，若你見到其中一位，另一位一定相離不遠。

有一天，他們其中一人作了一個怪夢，這個夢境困擾了他好幾天，因此他決定和好友到附近的一座寺廟，去找住在裡面的修行人。

年輕人以關切的語調描述了他的夢境：「法師，對於這個夢境，我有一種非常怪異的感受。在夢中，我好像很緊張地提著一個又寬又淺的竹簍。我知道這其實沒什麼，但夢過之後，心裡就是很不踏實。」

修行人聽完後不禁大笑：「恭喜你！你將被邀請參加一個充滿各式各樣佳餚的宴會。記得，以後不管你做了什麼夢，都要正向思考的去面對。一切事物端看我們如何造作我們的心，一切隨念而形成，因此，務必以正直積極的方式去經營你的心。」

他的朋友坐在一旁靜靜聆聽這段對話，心裡開始羨慕起來：「怎麼好事總是落在他頭上呢？爲什麼好預兆從來都不會找上我？」

就如預言一般，那個下午，年輕人果然受邀到鄰村參加一場盛大的宴會，他的朋友亦結伴同行。他們在那裡享用了各式各樣的美食，酒足飯飽地離開。然而，羨慕的心態並沒有離開第二個年輕人的心，他依然妒忌著朋友的好運。

他猶豫了好一陣子，終於決定去找那位修行人，假裝著自己也作了同樣的夢。

「法師，這眞是太奇怪了，只因昨晚我也作了同樣一個夢，我夢見自己得到了一個又寬又淺的竹簍。不知道這到底代表著什麼呢？」

修行人瞇了瞇眼睛，然後說：「你覺得你是在玩什麼把戲呢？你最好小心一點，因爲那意味著你將招來一頓毒打。」

第二個年輕人簡直不敢相信自己的耳朵！他跟修行人敘述了和好友同樣的夢境，期盼聽到修行人的美言祝福，沒想到卻得到一席恐嚇之言。一路上，他不斷地抱怨和生悶氣。當天傍晚，鄰村來了一票人馬，直奔第二個年輕人的家中；當這票人馬離去後，只見年輕人躺在院子裡，全身滿是瘀傷和血跡。他似乎因爲好玩，無心之中開了別人一個玩笑，最後竟然造成一個大謠言。鄰村的人爲了報復，因此決定給他一個教訓。

這個年輕人的確受到了應得的懲罰，被打得躺在床上足足四天無法起床。躺在床上的他，覺得這一切對他似乎極不公平。他開的玩笑根本沒有惡意，絕對不足以影響他人的安危。而那個夢，又該如何解釋呢？他根本就沒有作過那個夢，那個修行人又如何預言他將遭到毒打？這對他眞的是一種困擾，因此到了第五天，即使身負重傷，他依然堅持去見那位修行人。

「法師，說實話，我根本就沒作過那個夢，您又怎麼會預言到我將遭受毒打？」

修行人厲聲對他說：「你的思維引領著你的觀感和目標，你捏造夢境，希望得到好的結果，而這也應驗了你所要的，你果然遭到了詭計和妒嫉的苦果。」

想想看，年輕人是否夢見竹簍，其實一點都不重要，最重要的是自己的心，以及如何運用這顆心。夢境是否屬實，好與壞，也都沒有分別。夢境並非在昏睡中才會發生的，甦醒時的思維亦會成爲夢境。

例如，當你看見一個受苦的人，便停下來自問是否有方法能夠幫助他。這個心念，就可能變成一個好的夢境。當這些好的夢境累積多了，必然會感召好的結果。換一個角度，假如你時時刻刻充滿貪婪，以支配駕馭他人爲樂，這種行爲也會變成夢境——不善之境，而這些惡果也必將回歸自身。若持續惡性循環，你就會發現自己生活在惡夢之中。當下我們所生活的這個世界，是由物質與非物質所組合而成的，這二者的作用原本就屬一體，因此，醞釀善念是非常重要的。

另外，又如修行人所言，即便你所做的是一個惡夢，也不要認爲將會發生什麼可怕的事情，因爲你的潛意識以及內在眾生都會遵循你的想法，因此，你必須學習正向思維，學習培養善良慈悲的念頭。

26.

蜈蚣

一天，當蜈蚣忙碌地在趕路時，一隻狐狸忽然對牠說：「嘿，你怎麼這麼厲害，走得那麼快，腳竟然不會糾結在一起？這麼多雙腳同時跨向不同的方向，竟然還能夠平穩地前進，既不失足，也不蹣跚，眞是太神奇了！」

蜈蚣聽著狐狸的一席話，不得不承認自己能夠走得這麼平順，的確有點神奇。然而，當他看著腳之際，那些小腳卻全部纏繞在一起，寸步也無法前進。

修行和日常生活就像蜈蚣前進的腳一般。你當下可曾觀察到所有一切看似自然或自動發生的動作和行爲？當你口渴了就喝水，疲倦了就休息，餓了就進食、消化，然後排便。

本來一切都源自你的基礎，因此，你只需將一切回歸原點。若你能夠這樣生活，一切對你而言都不是問題。

若你能夠將流露出來的一切回歸到基礎，那麼一切便會自然流暢。相信你的基礎所賦予的一切能量和能力，並且仰賴你的基礎來照料生活中的一切。有些人不願相信這個法則，反而運用他們的知識和思維來解決問題。然而就像那隻蜈蚣一樣，這些思維就如蜈蚣糾結的小腳，自我牽絆而無法前進。

如同流水，永遠讓自己融入於真理之中。

27.

父母無盡的愛

曾經有一對夫妻，似乎命中註定沒有子嗣；然而經過多年的虔誠禱告，他們終於得到了一個孩子。這孩子一生下來就成爲他們生活的重心，夫妻倆奉獻了所有的愛與心力，含辛茹苦地把這個孩子養育成人。儘管如此，這個孩子並沒有因而成爲一個品行兼優的青年。當他成親之後，他和妻子便立刻把父母的田地和牲畜變賣殆盡，捲款而逃，只留下一間屋子給父母。這對父母的震撼和遭受背叛的悲哀可想而知。

這對夫妻雖然受到極大傷害，但依舊非常疼愛自己的孩子，期望有朝一日，他們的孩子能夠回家團聚。日復一日，他們仍然不見孩子和媳婦的蹤影，因此便漸漸焦慮起來：「我們的土地和牲畜也變賣不了那麼多錢呀，萬一他們把錢都花光了，該怎麼辦呢？」這對夫妻只能夠每天爲孩子祈禱，希望他們平平安安，不至忍飢受凍，希望他們沒有病痛和災難。

許多年過去了，這對夫妻依然堅持住在同一個地方，期望孩子有朝一日會回家團聚，但最終，夫婦倆不得不變賣屋子，搬到一所大寺院。妻子每天在廚房幫忙準備膳食，丈夫則幫忙撿拾準備燒火的柴薪。幾年後，丈夫去世幾個月後，妻子也相繼往生了，這二人不久便投生到鄰村，更巧的是，他們最後竟然在同一間寺廟出家爲僧。

某天，前世爲妻、年紀較小的出家人，因爲有重要的法會出遠門，經過一處毀壞不堪的路邊小棚，不經意地往裡面一望，看見一對年邁的夫婦相擁取暖，看起來瘦弱多病，似乎已有一段日子沒有好好進食了。老妻子甚至衣不蔽體，只以一個老舊的裝米麻袋，開了三個孔，勉強裹住身子；老夫則穿著一件勉強稱之爲上衣長褲的破布，但顯然已經破舊得無處可縫補了。他們二人必須輪流穿著這套衣服到外面行乞。

這位年紀較輕的出家人非常憐憫這對老夫婦的不幸處境，爲此特地去找他的師兄。年長的出家人聽了師弟的描述之後，對他說：「回去叫他們把身上僅有的衣服佈施給寺廟吧！」

當時，師兄還不知道這二人的來歷，但他打從心底覺得這對夫婦需要幫助，必須佈施一點東西給他人。

就在此時，他們的師父進入房間，聽完整個故事後便大笑，隨即又大嘆一口氣：「唉！因果難逃啊！在前世，你們二人是夫妻，那對老夫婦則是你們的孩子和媳婦。」

聽完師父的一席話，這二位法兄弟非常震撼，幾乎同時大聲驚嘆道：「如果我們之前花了這麼大的功夫祝福他們，爲什麼他們還會有如此坎坷的命運呢？」

師父回答：「所造之業，必得其果，一點都不可能含糊！你們二位所得的果，即是自己所造之業；他們二人所受的果報，也是他們所造之業。無論你們如何嘗試幫助他們，但他們心中依然存著許許多多的貪婪和矛盾，對於你們誦經的慈悲回向，一點也灌不進他們的心田啊！」

年幼的出家人聽完，立刻去到老夫婦的住所，要他們把僅有的一套衣服佈施給寺廟，但二老只是苦澀地抱怨著。最終，出家人只好對他們厲聲道：「佈施你們的衣服！」老頭子只好心不甘情不願地脫下身上的衣服，丟在出家人的面前。之後，二老只好把米袋割成兩半，一人套上半個米袋勉強裹身。然而不管是一個米袋或是半個米袋，其實也沒多大分別，像這樣接近半裸的身體，根本不可能外出乞食。

與此同時，當年幼的出家人堅持把衣服帶回寺廟後，跟年長的出家人合力把衣物又洗又煮地弄乾淨，然後把乾淨的衣服剩布拿來整理法堂，乾淨的褲子拿來清理出家眾的寮房，日復一日，直到衣物已經破爛得無法使用，他們就把衣服燒成灰燼，將灰燼拌水喝下。我們該如何表達這份摯誠呢？前世身為父母，此生身為比丘，他們的關愛之情竟是如此深切。

好幾天過去了，村里的人開始納悶，那對經常出來乞討的老夫婦怎麼好幾天都沒出現，不知道究竟發生了什麼事：「嗯，他們已經好多天都沒有出現了，難道是去世了嗎？我覺得我們還是應該去看個究竟。」

這些村里的人從來都不曾關心過這對老夫婦，但此時此刻，悲憫的心卻開始在他們心中繚繞。就這樣，一群男男女女，和一群活蹦亂跳的孩子們，就浩浩蕩蕩地前往老夫婦的小茅屋。而茅屋裡的情景更是令所有人為之動容：二老躺在一塊兒，因發高燒，身體不停地顫抖。如果村人就這麼走掉，相信這對老夫婦一定撐不下去。村人們交頭接耳地商議了好幾分鐘，最後達成共識：他們將把二老帶回村里，並由村里的每一戶人家輪流照顧他們。

幾個月過去了，村人們就這樣輪流餵食並照顧這對老夫婦。由於老夫婦得到許多的幫助和照顧，開始回想自己是如何對待親生父母的，於是他們來到二位出家眾居住的寺廟，請求和他們聊一聊。二位出家人和他們的師父專心地聽聽二老想說些什麼。

「我們曾經做了天理不容的事情，因此才得到這種生不如死的惡報。二位的出現，讓我們的生活起居得到許多改善，而我們所做的，也僅是按照您的吩咐，把僅有的衣服佈施出來；而這份功德，卻為我們二人換來了幾個月安逸的生活。但是我們的父母到底怎麼樣了呢？我們竟然對他們做出了如此大逆不道的事情？他們是什麼時候往生的？他們受苦了嗎？我們怎麼會如此對待自己的親生父母啊……」說罷，二老已是聲淚俱下，泣不成聲。

二位比丘的師父說：「你們的父母，就在眼前，這二位出家人即是！」

聽到這些話，二老幾乎不敢相信自己的耳朵。

老師父接著又說：「你父母前世的色身形貌已不復存在，而他們現在以比丘的身軀站在你的面前。作為你的父母，他們對你二人的愛，對你們的慈悲回向是全面無私的。即便在今生，他們對你的供養仍舊以絕對的誠摯來對待。他們用洗乾淨的衣服清洗法堂，拿洗乾淨的褲子清洗寮房；當衣物破爛得只剩下細絲的時候，他們就把剩餘的一切燒成灰燼，然後拌水服下。父母的愛，就是這麼深切無私啊！」

聽到這裡，二老終於崩潰了！二位出家人使他們甦醒過來，但他們已經無法言語，整顆心都被懊悔、悲痛，夾雜著父母的恩情和慈悲給占據了。就這樣，二老緊緊地握住了二位曾是前世父母，而今爲比丘的雙手，往生了。

他們的父母用慈愛而非詛咒擁抱著他們，接受了孩子所做的一切，並將之回歸到自己的基礎上。以這種方式，他們才有辦法令子女解除一切無明和邪見。他們如此解救自己的孩子，身爲比丘、作爲孩子的父母，以這種方式解救孩子，他們也得到無限的安詳。

雖然你爲他人付出，但最終受惠的依然是自己。假設你傷害他人，這種傷害也不會歸向他處，最終也將回歸自身。你對自己的基礎以及不二的原則所知越多，越能夠以此爲目標好好修行，你的業報就會越快得到消融。相反的，如果你只想著自己以及自己得到安逸，卻不顧身邊其他人的境況，那麼這如何稱得上是正道呢？

放下吧！把信念建立在自己的基礎上，讓智慧和春水一同暢流。

28.

磨鏡

中國古時候，南嶽的般若寺住持是鼎鼎大名的懷讓禪師。有一天，一位年輕的比丘馬祖來到他的寺廟修行。馬祖非常用心，天天都在禪堂用功禪修，然而，懷讓禪師卻一點兒也沒有感覺到這位法子有任何悟道的跡象。

因此有一天，懷讓禪師坐在馬祖的身旁開始琢磨起屋瓦來。馬祖並不知道師父的用意，只是把心中的疑慮擱著，什麼話都沒有說。禪師連續好幾天重複同樣的舉動，最後，馬祖再也忍不住了：

「師父，您到底是爲什麼要磨屋瓦呢？」

「哦，我只是想把它磨成鏡子。」

（按：當時的鏡子是由金屬高度拋光，直到產生光澤而形成。）

馬祖繼續問：「屋瓦怎麼可能因琢磨而變成鏡子呢？」

禪師回答：「那麼結跏趺坐怎麼可能使你成爲佛陀呢？」

忽然間，馬祖感覺到內心生起了什麼，因此謹慎地問：「那麼我該怎麼做？」

「我來問問你，如果車子不走，你會打車子還是牛？」

「當然是打牛。」

「沒錯，牛是心，車子是你的身體。」

就在當下，馬祖即有所徹悟。

心是行者，心是關鍵，因此許多人都把重點放在心念上，卻忽略了身體；其他人則把所有的訓練著重在身體感受，而忽略了心。然而，只要念頭合乎正道，身體自然就會調整；而當身體挺直，那麼你就有力量使念頭合乎正道，這二者是密不可分的。

不過，心還是關鍵，心是根源，是一切的基礎。一棵樹的根如果不是深而廣，就算枝椏曾經一時茂盛，樹木也無法壯碩成長。心也是如此；要證悟，需要的是心靈上的修行，而非身體。

日常生活也是同樣的道理。若你能夠依據自己的本心從事一切事情，才能夠過得好。你的本心，即是開始，也是結束；而所有的人都被賦予了這種本心。有人理解到這箇中的殊勝嗎？本心是激發我們從事一切活動的原動力，是我們最大的希望和祝福。

我們每一個人都必須好好探究這個本心，然後運用在所學的一切，並加以驗證。同時，請相信自己本心的能力，並以智慧和自信來生活。

若鄙棄了所有「我」和「我所」的觀念，一切將成為正道。

29.

驢子與馬伕

曾經有一個酒鬼，每當喝得爛醉如泥後，一回家便無緣無故毆打妻子。這種常態性的毆打，讓妻子覺得自己宛如生活在煉獄中。

一天，有一位修行人經過，妻子便拉著他的手，向他哭訴自己的痛苦。聽著婦人的泣訴，修行人進入了不二禪定中，看到了造成婦人苦報的因緣，因此向她解釋緣由。

在過去生中，這個婦人的先生原是一頭驢，婦人則是看守驢子的馬伕。那一世，馬伕對驢子非常苛刻，經常無故鞭打驢子，因此，他的殘忍行爲造成了當世的業報，二人因而成爲夫妻。他們結爲夫妻後，這一世的結果就是驢子鞭打馬伕。

聽著修行人的解釋，婦人的一切疑慮就像是一塊塊殘缺的拼圖，得到完整的拼湊。她相信修行人所言不虛，她所遭受到的一切苦果，本來就是她過去世所造惡業的產物。她堅信自己所承受一切並沒有絲毫不公平，只是這種痛苦仍令人難以忍受。因此，她懇求修行人教她減輕惡報的方法。修行人告訴她：「他毆打你的次數，必須等同於你毆打他的次數，此外便別無他法。然而，你可以把一片竹蓆子放在你丈夫一回來就可以看到的地方。」

婦人對於這到底有什麼幫助，一點頭緒都沒有，但她還是依照修行人所說的話去做。接下來幾天，婦人的丈夫還是喝得酩酊大醉回來，而且不由分說，拿起竹蓆子就往妻子身上猛力鞭打。因爲竹蓆子是由無數竹片所做成，每一鞭就等同於好幾百下的鞭打。沒有人知道當丈夫身爲驢子時，到底被鞭打了多少下，但是有一天早上當丈夫忽然醒來，淚珠不斷從他的臉頰滾滾流下，他握著妻子的手對她說：「我眞是不明白自己怎麼忍心如此鞭打你。眞是對不起，你是否願意原諒我呢？」

從此以後，這個丈夫將妻子照顧得無微不至，就算喝醉酒回家，也不再對妻子動粗了。接下來的歲月裡，夫妻倆恩愛地生活在一起。

因爲你的出生，必然會有各式各樣的遭遇；也因爲有自我的存在，必將會有那樣的遭遇，因此無須怨天尤人。若你眞心想解決自身的問題，就必須放下一切，把一切建立在「主人空」——你的基礎上。捨棄你對一切結果的執取，漸漸放下並加以觀察。世間一切現象的生起，必有其因緣。細心觀察日間所有令你懊

惱的事情，你會發覺，只要你用另一種方式說話，或是換一個角度處理事情，結果或許就會完全不同。

養育子女也是如此。不管他們做了什麼，請用溫暖和愛心對待他們，並把一切建立在你的基礎上。若你能夠以這種慈愛對待自己的孩子，他們就不可能誤入歧途。若你能夠如此慈愛自己的孩子，就算孩子遠在他方，你的心靈之光也能夠在片刻中延伸到他們心中，成爲他們的心靈之光。心的力量何其重要！心，是宇宙的瑰寶。

30.

禪師之旅

幾十年前一個酷寒的冬天，一位禪師因聽見一位婦人的哭泣而穿越山間。哭泣聲來自一個墳墓林立的地方，當禪師走近時，見到一位婦人擁著一個小男生的軀體。當時正值嚴冬，婦人身上的衣服卻是單薄而襤褸。她的十指破裂流血，顯然是因爲嘗試在冰凍的地上挖掘墳墓所致。

她一面哭泣，一面對著死去的孩子說：「你的父親在你出生之前就往生了，所幸我還擁有你。我們家族過去九代單傳，如今已後繼無人。你走了，剩下我孑然一身，至少，我們應該一起離開人世，一起去九泉之下見你父親。」

禪師看到這個情景，也無法繼續趕路了。他進入了不二的狀態，詢問自己該如何幫助這個婦人。接著，他細心觀察男孩的身軀，發現男孩比他該往生的時日早了許多，便對婦女說：「若我能夠找到你孩子的魂魄，他就有可能還陽。但在我離開去尋找孩子魂魄的這段時間，你必須點亮一盞燈。我說的並非有形的蠟燭，而是你的心靈之燈。這段時間，你必須將心燈之光和熱覆蓋你的孩子；若你的心燈滅去，我就無法順利將孩子的魂魄帶回他的身軀了。」

由於男孩已去世多時，因此禪師必須把握時間，他馬上結跏趺坐，剎那間，便進入甚深禪定。禪師的第八意識離開自己的身軀，到往生者的世界找尋男童的魂魄。

禪師到達的第一道緯度（黃泉路），是一個很虛幻的空間。每個人死後，都必須經過這道緯度，然後才繼續往生之道或是另一種靈魂的演化。然而當禪師抵達時，他發現該界水洩不通地擠滿了魂魄，完全無法前進。他告訴那些魂魄：「各位現在所見到的一切——那些鬼魅、妖精、騰蛇，都只是幻像，是由你們的意識所想像出來的，看似眞實，實則虛幻。只要勇敢地前進，你們就會發覺實無一物存在。」就這樣，禪師把那些魂魄都帶出了那個虛幻的空間。

接著，禪師又引領他們到酆都鬼城。在即將進入之際，所有的魂魄都停住了。對這些魂魄而言，酆都鬼城猶如一團巨大的火球，讓他們害怕自己會被火灼傷，因此禪師又對他們說：「這也不是眞的，只是你們心境的一種投射。你們認爲火能把自己燒傷，是因爲你們的觀念仍被物質界的現象所束縛。你們現在已無色身，因此物質是無法傷害你們的。」

當那些魂魄對這個概念有了認知以後，便向輪迴之界往前邁進。話說回來，那些魂魄之所以能夠理解禪師所說的一切，是因爲禪師當時也化爲他們的一員。魂魄們得到解脫了，但禪師還是得繼續找尋男孩的魂魄。禪師去詢問酆都鬼城的判官：「我正在找尋一個在大限之前死亡的男孩，不知他是不是您這兒？」判官看了看名單，但男孩的名字卻不在其中：「男孩的魂魄不在此處，想必就在枉死城，那才是你應該去找尋的地方。」

禪師來到枉死城，所見皆是比大限早夭者。禪師找尋枉死城判官的同時，又找到了那名男孩的魂魄，因此趕緊將男孩的魂魄引領到人間。

與此同時，男孩的母親正竭盡所能保住心靈之燈，等待禪師的歸來。然而時久力衰，身心疲憊，正當心靈之光閃爍不定、即將滅去時，禪師正好帶著男孩的魂魄歸來。當禪師把男孩的魂魄送回他的軀體時，男孩的心臟便開始跳動，大喘一口氣之後，呼吸即慢慢恢復正常。

禪師把男孩的魂魄送回軀體後，看著婦人緊緊地擁著自己的孩子，他回顧剛剛所經歷的旅程：「經過了黃泉之路、酆都鬼城和枉死城，那裡的一切皆非實有。所有一切障礙，都只是人們生活在物質界時所養成的思維模式而已。然而當他們往生了，這些思維模式依然不曾消失，總認爲自己會被火焰所傷，會被水淹沒。即便他們的心本來可以解脫，不被任何現象所牽絆，但就是無法跨越那些障礙。」

從無始劫以來，人一出世就有了色身，即使往生了，仍然認爲自己受到物質界所牽絆，因此，即便已脫離了物質之身，依然覺得火焰足以對他們構成傷害。就算他們的心已毫無牽絆，但他們仍然嘗試行走，或是找尋交通工具載送他們到想到達的目的地。他們認爲蛇可以咬傷他們、刀劍可以刺傷他們；然而事實上，這些根本就無法對他們構成威脅。他們想去那裡，都是暢行無阻的。

若你希望向修行之道邁進而不會受到這些幻相所牽絆，就必須了解這個事實。若你希望知道心是解脫和無限的，就必須透過自我省思。或許有時候你會發現，當自己的期望和想法沒有達到預期的結果時，你會因而勃然大怒或是覺得被傷害，然而這些可能只是微不足道的事情；同樣的，有時候當你面對困境或是難堪的處境時，卻能夠排除萬難，充滿信心、毅力地向前跨進。你能夠做到這一點，是因爲你在無意識中已經放下了固有的觀念，將一切託付於你的基礎上。

若你能夠如此將一切（不管事情的大小）託付於你的基礎，就能夠像這位禪師一樣，不但解脫自己，還能夠救度所有有緣的眾生。基本上，若你能於此生解脫，不管來生投生在哪一道，必然也可解脫無礙。

不管什麼季節，春天永遠存在於心中。

31.

力挽家變的婆婆

韓國的原州市，住著一位在市場賣豆芽維生的婦女。婦女和年輕的兒子，二人窮得幾乎家徒四壁。雖然婦人不曾受過教育且生活清苦，卻把孩子教養成一個善良正直的人。

婦人最大的心願，就是看到孩子從苦難中擺脫窮困。爲了完成這個心願，她不管風吹雨打，每日不辭勞苦到市場買豆芽，終於讓孩子完成大學學業。

男孩一畢業，馬上找到一份待遇優厚的工作，不久，就娶了一位很好的女孩爲妻。他買了一棟不錯的房子，和母親、妻子三人快快樂樂地生活在一起。這位婦人雖然和已經成家立業的孩子同住，卻不願意成爲他們的負擔，依然堅持到市場賣豆芽。大約半年過去了，孩子的公司忽然派遣他到中東的分公司管理那裡的工程，爲時將超過一年，但規定妻子不能一同前往。

由於妻子長期獨守空閨，無以排遣寂寞，簡直就是度日如年。就這樣，她誤交損友，染上了賭癮，玩起當時頗爲流行的撲克牌遊戲。當她沾染了這玩意兒後，日子如流水般一天天地過。開始時，只算是娛情小賭，漸漸地，下注的金額卻越來越大。由於她都會收到丈夫的月薪，加上海外寄來的獎勵金，他們原本計畫將這些錢存起來，然而才過不久，她竟然把這些錢都耗在賭博上。

當婆婆知道了這件事情後，不管她對媳婦如何規勸或是怒罵，都無濟於事，因為媳婦已經泥足深陷，無法自拔。婆婆眼看不能再袖手旁觀，因此決定搬離家門。

大約一年過去了，當婦人的孩子準備回來韓國時，他的妻子才驚慌失措。她不但把所有該存起來的錢揮霍一空，甚至連婆婆的行蹤都一無所知。她處於絕望之中，當先生回來後，不得不對他撒謊：「你母親一聲不吭地就離家出走了。我沒告訴你，是因為我知道你一定會擔心。」

婦人的孩子到市集去尋找，終於找到自己的母親。當他把母親帶回家中時，他的妻子立刻下跪認錯，並請求丈夫原諒。

然而出乎媳婦的意料之外，婆婆竟告訴丈夫說她之所以離開，是因為不想悶在屋子裡，希望跟市集裡的朋友多親近，媳婦一點兒過失都沒有。過了幾分鐘，婆婆趁兒子不注意時，把一本標示著媳婦名字的銀行本子遞給了她，裡面竟然有一筆巨款。

當婦人離開家的時候，心中就已經作好打算。她在當地租了一個最廉價的後室，除了每天賣豆芽，還四處打零工，就這樣過了一年，把所有辛辛苦苦賺來的每一分錢都存起來，爲的只是不希望看到自己的孩子家庭破裂。

媳婦深知婆婆必然是經過千辛萬苦，才存下了那筆巨款，而這次事件也改變了她的生命。她緊緊地擁著婆婆，被她的恩德深深感動，眼淚流了許多才停止。經過這件事情，媳婦便把婆婆侍奉得像一尊活菩薩一般。

若你厭惡某人，對他帶著恨意，最終，你也將是受害最深的一個。因此，無論你要做什麼，面對些什麼，都應該保持一種善良溫和的心態。

無論你覺得多麼惱怒，或是覺得被背叛，都應該先站在別人的立場去看待事情，徹底自我反思。若你能夠以此智慧如實地生活，家庭必然幸福美滿。

您，生不帶一物；因此，也該住而不執一物。

32.

菩提達摩的一只芒鞋

中國禪宗鼻祖菩提達摩，祖籍印度，原是一名英俊挺拔的少年。有一天，他路經一處，看見一條巨蟒蟠踞路中，因爲體積非常龐大，以致年輕的菩提達摩無法跨越前進。達摩見到巨蟒爲投生爲人而聚精會神地修練，深知如果巨蟒受到驚嚇，很可能會在錯愕中誤殺他人。

菩提達摩意識到自己該做些什麼，因此，當下神識便離開自己的軀體，進入蟒蛇的軀體。他的神識與蟒蛇融爲一體，引領蟒蛇到一處偏遠清靜、不受干擾的地方，讓牠在那裡安心修行。

然而，當菩提達摩回到自己的身軀時，俊美的身軀已經爲他人所奪，不知去向；留在原處的，竟是一個臃腫醜陋、賊模賊樣的男人身軀。

缺少了身軀，菩提達摩便無法幫助迷惘的衆生，在別無選擇的情況下，只好進入那副長得和自己有天壤之別、極爲醜陋的軀體中。由此因緣，我們現在所見的達摩畫像，看起來才會這麼怪異！

達摩祖師是一位得道高僧，隨機教化四方，就連當時的漢高祖梁武帝都曾向他求教。有一天，梁武帝問他：「朕一生造寺度僧，布施設齋，有何功德？」武帝的眞正用意是希望得到誇獎，然而達摩祖師卻冷冷地回他：「實無功德！」武帝聽了非常震撼，而這種震撼也急遽轉爲怨憤，恨意更是漸漸滋長蘊釀爲仇恨。最終，武帝竟下令侍者毒死菩提達摩大師。

一天，武帝的外交使節從印度回國。路上，他遇見菩提達摩祖師肩上擔著一根柱杖，尾段掛著一只芒鞋。由於使節還不知道達摩祖師的死訊，因此殷切地與他寒暄，詢問達摩要去哪裡。

達摩祖師回答：「我將西歸，回到我本來的處所。」

當梁武帝聽到使節的報告後，極爲震驚：「此事當眞？達摩已服下毒酒，身亡下葬！」當下，武帝立即命人挖掘達摩祖師的墳墓，結果發現棺木裡面除了一只芒鞋之外，不見他物。

此時，武帝才恍然大悟，明白達摩祖師對他的言教。只此一國之君，達摩祖師度了，實際上就等於度化了一國之子民！當武帝布施時，心中不可存有布施之念，唯有如此，善行的功德才能惠及自己，以及他的子民。當一個人放下了「我有所爲」的念頭時，功德才會眞正發揮效應。因此，無論你是否有造作任何行爲，都必須放下所有「我」的念頭。而這個「無爲而爲」的道理，就是菩提達摩祖師希望教導梁武帝的大原則。

「賊是我相、俊美青年是我相、巨蟒亦是我相！」菩提達摩祖師便是如此看待這個娑婆世界，因爲他已完全了悟不二的眞諦。所有一切眾生相，亦是達摩祖師本身的「我相」。若達摩祖師滿腦子都是「我」，就不可能爲了解救蟒蛇而進入牠的軀體。

雖然武帝殺了達摩祖師，但達摩祖師卻不曾有刹那時間是處於「死亡」的狀態。釋迦牟尼佛也不曾死亡。你是否可以想像，若你在佛世出生，而現在依然生存？春去秋來，我們的形貌變易，但我們只是換了一個新樣貌罷了。從無始劫以前，從來就不曾存在著一個「我」，因此「我」又何曾老死？而達摩祖師東來、復又西歸，和你我上下樓梯是同一個道理。

棺木裡的一只芒鞋，意在教導世人，這個「基礎」存在於一切眾生的本性之中，宇宙萬物皆依此基礎融爲一體，而人之所以存在，即體現了這一點。

我們的生命就像是一個挑著柱杖，柱丈末端掛著一只芒鞋前進的行者。政治領域亦是如此。當我們把一只芒鞋掛在天空，一只芒鞋埋在地底，有利的政策和領導便會開花結果。若執政者習慣性地把「我」和「我所爲」套在腦子裡，便無法善巧地統理國家，更無法將他們的業行化爲功德，惠澤這片大地。

33.

元曉大師的證悟

元曉大師和義湘大師皆爲佛教僧人，年輕時便是摯友，結伴到中國找尋具德名師。他們二人從新羅王朝的首都慶州市出發，向韓國的西南沿岸前進，希望能夠找到帶他們到中國的船隻。

二個人走了好幾個星期，竟然深入敵國百濟王國的領土。當時天色已暗，陣雨也快速轉爲暴雨。不久，橫掃而下的雨勢使得二人無法辨識前方道路，不得不找尋一個避雨的地方，忽然他們發現了一處荒廢的茅棚。由於濕氣太重，使得他們無法生火。因爲旅途勞頓，二人一躺下便進入了夢鄉。到了半夜，元曉大師因爲感覺口乾舌燥，睡眼惺忪地醒來，朦朧之中找到了一個盛滿雨水的碗公，把雨水喝下後，滿足地長呼了一口氣，又繼續睡去。

當元曉大師清晨醒來，被自己所見嚇了一大跳：他們睡覺的周遭躺著好幾具腐屍。原來那並不是一個普通的茅棚，而是一個專門丟棄因斑疹傷寒而往生的屍體。更甚者，那個裝滿雨水的「碗公」，竟然是半個血肉模糊的頭蓋骨，上面滿是蛆蟲。看到這一幕，元曉大師立刻跑到外面不斷作嘔。

當下，他即有所悟：「水並無分別，分別的只是在心念上。」

當他靜靜地坐在那裡，義湘大師對他說道：「我們不如繼續趕路吧！一旦我們離開這裡，你應該會覺得舒服些。」

元曉大師卻一動也不動地問他：「你爲什麼要去中國呢？」

「當然是爲了學習成佛之道！」

「此道不在他處，即在你我之中，無需遠求。」

就這樣，元曉大師隻身回到新羅的土地上。

元曉大師因此一事蹟而跨進了第一步，了悟到一切爲心所造：一念善爲天堂，一念惡爲地獄。他深知若要成爲大師、成爲佛菩薩，一切都得從自身開始，無需捨近求遠。因此他回到新羅，以自身的念頭爲參話頭（或是公案）的基礎。後來，元曉大師拜傳奇人物大安禪師爲師，經過多年修行，終於悟道。關於大安禪師和元曉大師的事蹟，又是另一則故事。

衆生系列 JP0044

我心是金佛

作　　者／大行大禪師
譯　　者／劉宜霖
資深編輯／劉芸蓁
行　　銷／劉順衆、顏宏紋、李君宜

副總編輯／張嘉芳
出　　版／橡樹林文化
　　　　　城邦文化事業股份有限公司
　　　　　台北市信義路二段 213 號 11 樓
　　　　　電話：(02)23560933　傳眞：(02)23560914
發　　行／英屬蓋曼群島家庭傳媒股份有限公司城邦分公司
　　　　　台北市民生東路二段 141 號 2 樓
　　　　　書虫客服服務專線：(02)25007718；(02)25007719
　　　　　24 小時傳眞專線：(02)25001990；(02)25001991
　　　　　服務時間：週一至週五上午 09:30-12:00；下午 1:30-17:00
　　　　　劃撥帳號：19863813；戶名：書虫股份有限公司
　　　　　讀者服務信箱：service@readingclub.com.tw
　　　　　城邦讀書花園網址：ww.cite.com.tw
香港發行所／城邦（香港）出版集團有限公司
　　　　　香港灣仔駱克道 193 號東超商業中心 1 樓
　　　　　電話：(852)25086231　傳眞：(852)25789337
　　　　　E-mail：hkcite@biznetvigator.com
馬新發行所／城邦（馬新）出版集團【Cite(M) Sdn.Bhd.(458372 U)】
　　　　　11, Jalan 30D/146, Desa Tasik, Sungai Besi,
　　　　　57000 Kuala Lumpur, Malaysia
　　　　　電話：(603)90563833　傳眞：(603)90562833

版型設計／雅典編輯排版工作室
封面設計／吳文綺
印刷／崎威彩藝有限公司

初版一刷／2009 年 9 月
ISBN／978-986-6409-07-3
定價／280 元

城邦讀書花園
www.cite.com.tw

國家圖書館出版品預行編目資料

我心是金佛 / 大行大禪師著；劉宜霖譯 .
-- 初版 .-- 臺北市：橡樹林文化 , 城邦文化出版：
家庭傳媒城邦分公司發行 , 2009. 09
面； 公分 . --（衆生系列；JP0044）

譯自：My heart is a golden buddha

ISBN 978-986-6409-07-3（平裝）

224.515　　98014300